李万华／著

空间与逻辑
THE SPACE AND THE LOGIC

中央编译出版社
Central Compilation & Translation Press

图书在版编目（CIP）数据

空间与逻辑 / 李万华著. —北京：中央编译出版社，2018.1
ISBN 978-7-5117-3486-0

Ⅰ. ①空…
Ⅱ. ①李…
Ⅲ. ①时空观－研究
Ⅳ. ①B016.9

中国版本图书馆 CIP 数据核字（2017）第 317209 号

空间与逻辑

出 版 人：葛海彦
出版统筹：贾宇琰
责任编辑：杜永明
责任印制：刘　慧
出版发行：中央编译出版社
地　　址：北京西城区车公庄大街乙 5 号鸿儒大厦 B 座（100044）
电　　话：（010）52612345（总编室）　　（010）52612341（编辑室）
　　　　　（010）52612316（发行部）　　（010）52612346（馆配部）
传　　真：（010）66515838
经　　销：全国新华书店
印　　刷：北京时捷印刷有限公司
开　　本：787 毫米×1092 毫米　1/16
字　　数：140 千字
印　　张：12.75
版　　次：2018 年 1 月第 1 版
印　　次：2018 年 1 月第 1 次印刷
定　　价：48.00 元

网　　址：www.cctphome.com　　　　邮　　箱：cctp@cctphome.com
新浪微博：@中央编译出版社　　　　微　　信：中央编译出版社（ID: cctphome）
淘宝店铺：中央编译出版社直销店（http://shop108367160.taobao.com）
　　　　　（010）55626985

本社常年法律顾问：北京市吴栾赵阎律师事务所律师　闫军　梁勤
凡有印装质量问题，本社负责调换，电话：（010）55626985

序

  我无法保证在本书中所表达的思想完全正确，但我确信，如果有朝一日人类的认知和科技遇到了重大困难，我的《空间与逻辑》就不容忽视，它一定能带给人们某些启示。

  一切存在、存在的现象和存在的信息，如果不能够被放入空间当中，它们怎么存在？我们又怎么确定它们的存在？因此，我认为一切存在必将是空间中的存在，一切存在的内容都是空间性的，人类认识存在的路径也只有空间。

  那么，什么是空间呢？那个被科学称之为以太的真空，又能否被排除为一种基本的存在形式呢？

  我发现，存在于空间之中的内容和我们认识存在的空间路径内容，在本质上全都是一种共在的关系内容，作为什么都是的空间就是一切存在的总和，如果空间什么都不是，就只能指向存在物共在的关系和秩序。因此，那些带有普遍适用性的共在关系就是逻辑规律，而那个以太真空应该属于宇宙世界中最为基本的存在形式了。

  人类认识世界的存在内容就是这些作为共在关系的空间性内容，人类掌握存在世界的规律就是从中总结出那些固有的带有普遍适用性的空间共在关系。同时，人类在整理归纳这些空间性存在内容及存在逻辑的过程中，也形成了自身的意识思维逻辑，人类知识包括概念和理论形式，全都是由这些空间性内容和逻辑构建起来的，反过来，人类的概念和理论相互之间又必须符合这些存在逻辑和意识逻辑，否则，我们的知识将是混乱的、无法构建的。

然而，在认识自然宇宙世界的具体方式上，哲学和科学确是有所区别的。哲学的精神在于运用逻辑思维进行追根溯源的探究，因此特别关注基本概念以及它们之间的逻辑结构。而科学的精神则强调实验发现和实验验证，不能复制和再现的因果关联是不能被确定下来的，因此，科学有时宁愿做着没有实际成效的实验，也不愿回到那些基本概念以及它们之间的逻辑问题上来。本该取长补短、相辅相成的哲学和科学就这样开始分道扬镳了！而且似乎难有重合的机遇。

科学不太情愿回到基本概念以及基本概念之间的逻辑问题上来，但，每一个业已确定的概念和概念之间的逻辑都是值得去质疑的，因为它们的内容和关系都不是被严格地永恒地规定了的，关于概念和逻辑以及它们所赖以成立的空间基础，每一次的质疑和修正很可能都意味着逻辑规律的某种统一，或者人类认知的一次飞跃。

在用这种方式去重新审视科学的基本概念和理论问题时，我有许多发现，我和尼古拉·特斯拉基于不同的出发点和方式，获得了很多基本一致的观点：以太是存在的，物质中没有能量，能量和质量相互转换是无稽之谈。我觉得应该再次向这位旷世奇才表达敬仰之意，或许我已经为他的断言找到了一个完整的哲学之解，如果真是这样的话，这就是哲学与科学的一次实践意义上的统一。

如果我们共同的论断有一点正确，那么相对论的理论和量子论的基本原理（几率波、不确定性、波粒二象性）在根本之处就都是错误的。

在此基础之上，我继续尝试思考引力问题的根本机理，这是一个至今让全世界最聪明的头脑始终无解的难题。我不寄希望于自己关于引力现象的理解完全正确，但是，我希望自己的思考方式和路径，能够正确地为几百上千年以后的科学指明一个大方向，那就是：关于物质场和以太场的共在机制的研究与分析。

目 录

序 / 001

一　重建"存在" / 001

二　空间与存在的认知 / 021

三　物质中有无意识 / 031

四　存在逻辑与意识逻辑 / 041

五　逻辑的统一与自洽 / 055

六　空间的逻辑统一性 / 069

七　空间与逻辑、逻辑与概念 / 081

八　数与超空间关联 / 095

九　科学基本概念的逻辑问题 / 111

十　旋转与惯性 / 131

十一　波、以太、场势能 / 147

十二　哲学与科学的统一 / 161

十三　引力 / 185

一
重建"存在"

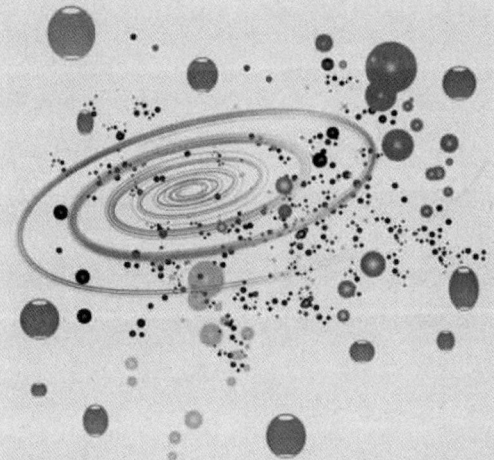

人类想要什么样的生活方式，人类社会将会是什么样子，归根到底取决于世界本身是什么样子，另外，也将取决于我们人类能够认识到什么样的程度。简单地说，自然环境和物质条件不同，人类对于自然规律和科学技术的掌握程度不同，将会给我们带来完全不同的具体生活方式，也将会给不同的具体生活方式带来不同的便利与舒适。

因此哲学的存在论和认识论，是所有哲学问题的根本所在，它们不仅影响着哲学自身的发展，而且会影响科学技术的发展进步。然而，当实证科学迅猛发展几百年走到今天，它们给人类的认识和生活带来翻天覆地的变化与前所未有的便利时，"哲学已死"、"哲学无用"之声也开始不绝于耳。同时，科学界内部似乎也正在面临着越来越严重的混乱与迷茫。量子物理与相对论的分歧，引力与其他几种力的不统一，以及理论物理领域里完全不同的理解和解释的层出不穷，等等，所有现象都在说明，不同的理论物理学家站在不同的山头，仰望星空思索着不同的宇宙，不同的实验科学家进行着不同领域的研究，就像钻进完全迥异的原始森林里，进行着完全不同的探索。

在哲学自身的发展史中，最为显著的一个特点就是，不同的哲学家从不同的角度出发，就不同的论题进行着不同的理解与阐述。关于人性、伦理、社会等有关我们人自身和人类社会活动的所有哲学论断，应该说，他们之间的众说纷纭还比较好理解，因为，面对同一个自然世界和人类整体关于自然世界的认知与科技能力，不同的人根据自己偏见与喜好选择略有差异的生活方式，是非常正常的事，就好比吃菜一样，萝卜青菜各有所爱，你可以从味道角度去理解评断，别人也可以从色泽与工艺的方面来欣赏。但是，关于世界是什么样子，我们人类能否认知，人类如何认识自然世界，即存在论与认识论问题，特别是那些基本问题或者基本路径，纷纷乱乱，争论不休，却是应该统一的，因为，我们人就是这个样子，所有人的认知方式与能力基本上是趋于相同的，而我们人以外的那个自然世界，它也应该是其所是，绝不会因人而异。

然而，面对一本本哲学著作，特别是近几百年来西方的那些大师们关于存在论和认识论的诸多专著，我时常感到为难，厚厚的一本本几十万甚至上百万字的哲学书，往往它们所谈论的问题和对象在概念上就无法统一，不仅如此，各自造出的不同的新概念，经常都是些模糊抽象与怪异的词汇。我真不愿去列举这些概念词汇，想必与我拥有同样感受的不在少数，这些概念和词汇有多少运用传承到现实和科学实践中了？可以说寥寥无几。可以想见，哲学家们的这种纷乱不一的努力，对于人类社会及未来我们认知世界的意义，显然是不积极的，也难怪人家说"哲学已死"、"哲学无用"。就拿人以外的世界来说，什么"存在"、"实在"、"自在"、"此在"、"自我"、"本我"、"实体"、"物质"、"物质实体"、"实体物质"、"是"、"显现"等，难以尽数，如果再把"本质"和"现象"、"质料"与"属性"、"在场"与"自为"，甚至"虚无"和"时间"等概念引入的话，真的不知道怎么去定义和理解我们人类所面对的这个自然世界了。如果非得让人们使用这些概念去理解自然对象的话，还能够启发人们关于自然世界的理解与认知吗？

哲学的基本问题和思考哲学基本问题的路径，有必要统一，只有统一了，才可以重建哲学，哲学才不死，哲学才有用，哲学才有意义。

科学界只用几个概念就把人类业已认识的自然世界概括了，"物质"、"能量"、"时间"、"空间"、"力"、"波"、"粒子"、"场"等，每一个概念或针对这个概念的理解，很简短的一些文字，大众都可以领会，而且全球统一。但是，哲学家们洋洋洒洒几十万字上百万字的晦涩难懂的专著，往往需要阅读几个月才能看完，也不见得能够理解，而且这样的哲学家还不在少数，他们经常使用同一个关键概念和词汇，但是理解的内容却往往不一致，甚至莫衷一是。比如海德格尔就说："存在"是个最普遍的概念，"存在"这个概念是不可定义的，"存在"是个自明的概念。如果是这样的话，"存在"概念还有没有意义了？还能不能用？如果用，究竟怎么去理解它？多少字能说清楚？

我不是要否定过去哲学家们的所思所为，我觉得哲学不应该那么混乱不堪，否则，哲学的作用与意义将会大打折扣。

哲学不可能没有用！哲学不能够死！

我寄希望于本书为此做出尝试和努力，希望通过用浅显明确而不是那些抽象晦涩难懂的或者含义模糊的概念词语，来叙述我的所思所想，简明扼要是我律师执业的经验和要求，当事人繁琐的案情介绍需要律师简单勾勒出你的服务对象很容易就搞懂的法律关系，而法庭上也没有哪个法官会允许没完没了的文绉绉的叙述或抗辩。否则，东京大审判和纽伦堡审判几十年也审不完，案子的律师和法官都要换好几轮，整个案件还没审完，参与案件审理的好些人可能就已经死了。

我希望自己的所思所想，能够以比较确定的概念对象来避免众多哲学家所谈论的对象范围不一致的问题，并努力从中找到无可争辩的共同点，特别是其他普通公众的认识可以共通之处；而我整个所思所想的主要路径，就是由我们人类意识最能确定的东西开始，经由人类意识与意识之外的自然世界共通的概念内容，逐步解析自然世界的原本面目和人类认知的基本规律，其中，肯定会涉及自然科学的相关理解和理论，那时，我则毫不避讳地从我的哲学的这种基本思路与路径出发，说明自己对此的看法及理由。因为，我们今天谈论存在哲学和认识哲学，绝不能回避科学的成就与问题。知识在哲学与自然科学之间是没有隔阂的，哲学与科学不能一直这样不相往来。

我希望自己基于认识论上的思考路径，以及关于科学理论成果的根本逻辑的理解与思考，所获得的哲学存在论上的结果，能够给科学带来某些启示，哪怕这种启示并不很多，只要有这样的启示，其结果和意义将一定是巨大的。这，就是我所思所想的初衷。

既然我们所谈论的哲学问题是存在论和认识论，那么不论所持何种观点的哲学家，应该在我们所谈论问题的对象和基本内容上是一致的，那就是：我们人所面对的自然世界究竟是怎么回事儿？我们能否认知它们，又如何认识它们？在自然世界和人类的认知之间又有什么关系？

围绕这个基本内容，我们首先就有必要用相关的概念来合理确定其中所涉及的思考对象，比如"自然世界"、"宇宙世界"、"存在世界"、"在"、"有"、"存在"等，然后就要根据所要思考的内容划分和界定这些不同的存在论概念所涵盖的对象范围，由此类推，我们只要做到划分合理，而且公众不会产生分歧，那么，在这些概念对象基础上的所思所想与阐释，就不会出现上面说到的混乱和不一致的问题。显然，在这里所提到的诸多存在论概念，有雷同有交叉，还有侧重点不同，在自然世界和人这两个对象之间，也还有一个归属与交叉的问题，因为人也是一种存在物，也是自然世界当中的一员；"存在"和"不存在"或者"非存在"、"有"和"无"，还有以往哲学家提到的"是"，在这些最基本的概念中，对象范围的不确定性和各概念间的区分，无用地延续了几百年甚至上千年的混乱局面，其实是有其很自然而然的原因的，因为，这些概念所指的范围需要另一个概念来确定，而另一个概念又似乎更加不确定，所以才会出现"最普遍"、"不可定义"和"自明"的概念之说。

可见，讨论哲学特别是存在论和认识论的基本概念问题，必须有一个可以确定无争的概念为基础，由此展开，然后根据所要讨论问题的对象内容逐次予以确定。这也许是我们达成共识，避免你谈你的对象、我谈我的问题的最好方法，或许，这还是一条唯一的路径。

那么，在大千世界万事万物之中，在人与人所面对的宇宙世界之间，什么才是首先可以确定无争的呢？显然，首先可以确定也是最能够确定的是在思考这个问题的我们自己。作为思考者的人，是最先可以确定的，思考者"自我"、"我"是思考所有问题、寻求任何答案的第一个确定无疑的东西，其他的都远不及"我"来得那么切实和有把握；"我"、"自我"又是如何确定的呢？这个问题早有哲学家给定了一个公认的合理的解答，那就是笛卡尔所说的"我思故我在"。所以说，万事万物当作为存在论所思考的命题对象时，最能确定的对象就是思考者本人，如果连思考者本人都不确定，那么思考者思考和确定其本人以外的任何对象，都只能是更加不确定，而不论其本人是否有毛病，思考判断是否真实正确。关于"自我"的人本身，由于我们天生可以感知自己的饥饱、冷暖、痛苦和舒服等感受，人一生下来眼睛没有睁开就知道要吃奶，我们人类因为这一系列的感觉和感受，确定自己的存在，然后才逐步认识自己所处的世界。由此可见，万事万物中首先可以确定的对象就是我们人自身。何以如此？就是因为"我思"或"我感"，如果没有"我思"、"我感"，一个植物人是很难确定自己的存在的，更无从感知外面的世界了。

由于"我思"或"我感"，所以首先可以确定的就是"我"和"我在"，继续往下思考和认识，我们还可以确定，还有其他很多东西也是可以确定的，也在。不论其他东西什么样子，也不论有多少，我们可以同样感觉到我们思考者人自身与他物同在，都是切实的确定，尽管有些是虚幻的、虚无的、虚假的或者是瞬间的，但是我们依然可以确定无疑的是：和"我在"一样确定的对象还有很多很多。那么，作为认识者、思考者和思考对象（包括思考者人自身）之间，又怎么进行区分？"我在"与他物的"同在"作为都可以被感知确定"同在"的对象，是否也同属一类？哲学作为本原性思维，回答应当是肯定的，那么，唯一可以区分又确定的存在论与认识论概念，首当其冲的就只剩下"我思"了，即人类的意识。

对于人类自身而言，人的生命体即"我在"的对象，和"我思"的活动及其成果内容，这两个首先可以确定的东西之中，能和此外的万事万物完全区别开来的，只有"我思"的意识概念。因此，在存在论和认识论所有基本概念当中，最可以区别开来并且可以确定无争的概念，就是人类的意识，无论是感觉、感知还是思考、思想与认识内容，只要是可以归属于思考者、认识者自己的"我思"或"我感"，就都是意识。

意识的概念确定下来之后，其他一切均可称为非意识，如果属于非意识的一切都作为我们人类认识的对象，那么我们人类意识的对象就有两类，一个就是意识自身，即认识或认知意识自身，一个就是其他非意识的一切。这样，作为最基本的概念，除了意识就是非意识的一切东西，而作为非意识的一切东西（当然包括人自身），如果我们的意识可以确定其同在，或者说这非意识的一切东西，如果可以被意识确定下来，我们暂且不管意识是如何将其确定，那么，所有这一切非意识的"同在"，我们就可以称之为或概括为存在。这样，存在就是除意识之外一切可以被意识确定下来的真切的"同在"。反过来，我们也可以这样说，意识之外的不能被意识确定下来的，它究竟是否真切、是否同在，或者如何界定区分它们，全都是问题或未知数，那么，对于意识来说，它们就什么都不是，不存在。

哲学的主要任务就是研究世界的根本问题，世界的根本问题需要我们意识为此建立起一些最为根本的概念，如果连最根本的一些概念的建立都有问题，或概念不可靠，那么，基于此而去认识世界则难以保证获取它的真谛，现在，我们就哲学存在论和认识论的这些出发点进行分析讨论，可以发现，我们最确定的东西首先是我们自己的意识，由于"我思"、"我感"在意识中即认识论上确定意识这个毫无异议的活动概念，而且是确定的、真实的、唯一的，它不同于其他任何东西和任何其他活动，每个人都只能在一个瞬间"我思"、"我感"一个事情或对象，所以意识概念是首先被确立起来的。然而，"我思"、"我感"最先确定的对象显然是"我思"、"我感"的主体即人自身，这也是唯一的、特定的，而且与"我思"、"我感"活动是可以同步的、联动的，而任何其他的东西都要次之，所以人自身是我们人类认识首先可以确定的存在物。当我们意识继续认识世界时，发现我们人自身以外还有众多他物，他物和我们人自身究竟怎么回事？我们人自身是否与他物有共同之处？等等，意识认知世界、确定认知概念和知识，就这样开始了。那么，我们便首先在意识之外的非意识中确定了或者说归纳了其他假定可以确定的东西，于是"存在"的概念就可以建立起来，因为我们意识在自己意识之外确定了人自身即意识的主体，发现我们人自身是可以确定的，而且还有很多其他物也可以确定，假定这些都可以确定的东西，将它们归结在一起，就都是意识之外可以确定的东西，即定义为"存在"。

非经此种过程定义的"存在"都值得怀疑，也就是说存在论中的"存在"概念，只能将其定义为这样的内容和范围才是正确的：存在是我们意识在其之外假定可以确定下来的一切的总称。

我们为什么长期以来习惯用"存在"这两个字来概括或作为这样一类的概念代表呢？想一想，刚才我们在分析意识的"我思"、"我感"人自身及周围他物的过程中，还有一个重要的环节，缺少这个环节，我们的逻辑就不够严密，那就是我们是怎样确定人自身和周围他物的呢？显然，除了人自身的"我思"、"我感"之外，还有一个思什么感什么的问题，思什么感什么呢？显然是感思我们人自身的"在场"和周围他物的"在场"，即它们都在，在场。我们确定都在的，因此定义为存在，那么，问题自然而然就摆了出来，那个能被意识确定和能使意识确定存在的"在场"是什么？什么是"在场"？

"在场"就是大家"同在"，就是所指的某个对象的周围环境和一切假定可以被意识确定的存在的总和，那么，这个"在场"就是我们平常所说的空间，当然这个空间是个无所不包的，它将一切假定可以被意识确定的存在物一网打尽。离开这个"在场"空间，意识无法"我思"、"我感"其意识主体即人自身的确定存在，离开这个"在场"空间条件，"我思"什么呢？"我感"什么呢？小孩一出生吃奶，除了感到自己要吃外，张嘴吸吮却是需要妈妈乳头的配合的，没有这些"在场"空间条件的互动，人一出生就会感到空，感到感无所感和思无所思。事实上，人类的生存和意识一刻也离不开这个"在场"空间。

为什么我们要研究哲学？因为哲学从本原出发研究万事万物的根本问题。为什么要研究这些根本问题？因为，我们人类想知道万事万物的世界究竟是怎么回事；人类能否认知它们，又能认知到什么程度，怎么去认知它们，我们人类都想去了解。现在，我们正在研究的就是这些问题中最基础的东西，尽管我们人类已经在实际上认识了世界的许多情况，科技水平也达到一定的高度，但是我们依然有必要做一个人类认识本身和世界面目本身的最本原的考究。上面我们谈到的意识、存在、人自身以及"在场"空间的概念确立问题，其实就是在做这样的根本反思，这是哲学的"奇点"，而且哲学的这个"奇点"

肯定要比科学界流行的"奇点大爆炸"要确定得多。因为，哲学的这个"奇点"，其实就是人类认识的原点，我们对于自己和自己意识的确定远比对于整个宇宙的基础原点的确定，要来得扎实得多。在这个原点上，我们人类对于自己、自己的思维意识活动及能力，即"自我"、"我思"、"我感"，确定无疑，我们所以确定它们，是因为它们的"在场"，即它们所处周围他物的"同在"，假定这些"在场"的一切他物跟我们人自身的"自我"一样，可以被意识确定为真实切实，那么，在存在论和认识论的这个原点上，意识、存在和空间这三个最基础的概念就建立起来了。在它们建立的过程中，我们很容易便会发现，我们之所以如此的确信这三个概念对象，是因为这三者之间的互相确立、相辅相成，就是这个保证了它们的基础牢固和确立无疑。

我们的认识可以由此出发，去认知万事万物，去逐步辨别哪些有哪些无，去进一步甄别什么是真相什么是假象，去划分归类我们所认识的每一个存在的形式或存在现象。

也是基于这样的推理与确定，我在《存在的形式》一书中便将存在的概念如此确定，并以空间赋予它的确定和成立，我认为存在必须是存在于空间某个位置并占据一定空间体积的东西，否则，我们无法确定它是否可以归类为一种存在，而无论它是以什么形式来完成，或以什么现象来向我们人类意识进行展示。

我们不能像此前的哲学那样，简单地以意识与非意识来区别世界，即主观与客观，主观等同于我们确定无疑的意识即"我思"、"我感"，这没有争议，但什么是客观就不好说了，大千世界出现的随便一个现象,很可能造成我们主观意识的误判,只要觉得它不会随着我们人的意识改变而改变,就认定它是客观,看上去逻辑似乎没有什么问题,但是所谓客观的一定是可以确定下来的吗?它们都能够像我们人自身、大山、地球那样确定无疑吗?既然是客观的,可以像物质粒子那样占据一定空间"在场"吗?如果没有自己的"在场",确定它的存在一定是值得怀疑的。因为,这样的认识论方法没有回到我们上述所说的原点。现实生活中很多业已被我们界定的东西概念,尽管我们觉得人类意识无法改变它们的出现,人类面对它们所代表的现象规律时有时显得束手无策,但是,它们基本上还是我们意识针对这个现象规律的主观界定的产物,因此,它们的可靠性及确定性就是有问题的。一切不能像我们刚才那样以意识、存在和空间三者相辅相成、相互印证的方式确定的,均值得怀疑。否则,我们在认知世界的道路上就很容易发生误判,容易迷失正确方向,至少是容易受到假象的干扰。

说到这里,我觉得关于哲学中的存在问题,就其最基础的部分,我们可以作一个小小的总结了。我们研究讨论任何问题和话题,都属于意识活动,我们所有的意识活动的最终目的是为了获得在意识中可以确定的概念知识,以期认识世界、改造世界,满足人类自身的生理及精神需求;在所有意识活动所能涉及的所有因素当中,意识自身即"我思"、"我感"的活动本身是我们第一个应该而且可以确定的,紧接着,我们的"我思"、"我感"意识会因为其他的"在场"同在而确定"我思"、"我感"的主体,即我们人自身的存在,与此同时,我们还可以确定像我们人自身一样确定同在并同样拥有各自的"在场"的还有许许多多,假定所有这些都可以被确定或被确实,并将其归为一类整体,于是"存在"的概念便确定了。我们经过反思而获知,"我思"、"我感"之所以可以将人自身与人自身一样的其他存在予以确定和确实,是因为它们拥有一个共同的特点,这些因素因为在空间"在场"中的同在即相互印证和相辅相成,即空间的"在场"以及它们共同的同在。于是,我们完全可以确定最基本的三大概念就是:意识、存在、空间。

经过反思,我们还找到了主观与客观这个普遍的哲学分类的不确定性问题,主观即意识,客观即非意识或意识无法改变的一切,但是,意识无法改变的一切,其确定性与切实性如果失去"在场"的互证保障,就将一定是值得怀疑的。没有空间"在场"及和人自身一样确定的同在那样,可以相互印证和相辅相成,很可能就是个误判或假象。可见,过去哲学理论中许多关于客观概念所表述的东西,我们必须重新审视了!

如此一来,我们将可以继续深入开展有关存在哲学与认识论的许多具体命题的思考了,应该说,现在我们比以往更加自信满满。

关于意识、存在、空间的具体关系问题,将是本书以下各部分需要深入分析的任务,现在,关于存在概念我们尚有一些基本问题需要分析解决。

第一个问题就是存在的本质与存在的现象问题。

这是一个自哲学创立以来一直延续至今的存在论基本问题,关于这个问题,哲学家们的观点一直在演变发展,也难以统一,由这一问题延伸出来的概念更是复杂难辨,比如"存在的实体"、"物质实体"、"自在"、"属相"、"种相"、"显现"、"显像"、"印象"等。直至近一二百年以来，关于这个问题才逐渐出现相对统一的观点，即认为存在的现象就是存在本身，就是存在的本质。

现在我们建立和确定"存在"概念的内容与方式，和以往哲学家不同，过去的哲学家们基本上都是从本质与现象的角度出发来认识存在的，现在我们从意识、空间以及存在物的相互印证的确定性方面来确定存在的性质、内容及范围，因此，在分析存在的本质与存在的现象的问题时，我们没有必要沿着以往哲学家的思路去展开，我们完全可以另辟蹊径。

为此，我们现在可以这样认为：存在的本质就是一切存在物的确定性与切实性，存在概念的这一本质特性使其成为存在，存在的这一本质可以使得存在不会落入空无和虚无。

但是以往哲学所谈的存在的本质与存在的现象问题中的存在的本质，却是指那些之所以使某物成为某物的内容，比如地球之所以成为地球的那些特殊的内容元素，水之所以是水的特性和要求，等等，这些内容看上去是存在物内在的本原的，却是我们人类意识难以感知确定的，只能意会、推理或抽象总结来获取；过去哲学关于存在的本质的理解，以及由此展开的诸多关于其他概念的创建和理解，说白了全都是意识的判断与分析活动的结果，而人类的这些判断和分析，实际上都必须建立在人的意识感官所感知的现象信息基础之上，只有接收到感知到这些存在的信息之后，才可以往下继续思考，才可以得出此物是某一种相和属相的，从而引出种相、属相和存在本质等的概念关联问题。

现在，认为将存在分为本质与现象的做法是不可取的观点，在哲学界早已占主导了，大家基本认同，本质与现象都是人为的定义分类，所谓本质如果有的话，也均包含在现象及显象之中，存在所显现的就是它自身，它只能被它自己的存在而不是别的存在所支持。

无论存在是否能够向外展示其全部存在信息，也无论我们人类是否可以接收和感知存在的多少信息，对于我们人类意识而言，这些信息就是我们分析判断存在的显象，存在的本质和存在的现象都是通过这些显像信息，在我们的意识中予以建立和确定下来的。现在，我们关于存在的本质和存在的现象还有进一步的要求，那就是我们在认识论和存在论角度给予存在的要求，即必须是我们意识可以确实的实实在在的有"在场"空间的存在。这既是意识、存在和空间概念相互印证相辅相成的逻辑要求，也是存在的"在场"空间的信息作为我们意识建立和完成存在现象及其本质的感知材料基础的要求。

第二个是存在的层级问题。

我在《存在的形式》一书中讨论过这个问题，我认为整个存在世界是按层级区分的，不同的层级会遵循完全不同的自然法则，这不仅涉及以往哲学理论中所把持的量变到质变的道理，而且还涉及多种存在形式的空间组合问题，即存在在空间意义上的自然的逻辑规律问题。

存在的层级指的是存在的显象反映在不同层级的空间意义上的不同，平常我们说的微观、自然观和宏观乃至整个宇宙，就是这样简单地勾勒出它的层级性特征的。一般而言，在不同层级的空间内，存在会出现明显的不同，存在的粒子态和宇宙中的星球所呈现出来的或者展现出来的信息状态是截然不同的。另外，某些基本特征相同或相似的存在现象，在不同的空间层级上很可能是完全不同的因果关联，比如，太阳对地球的引力，地球对人的引力，还有原子核对电子的引力，尽管都出现我们定义为引力的那种相同或类似的存在现象，但是，其内在真实的动因即规律，或许是不一样的，尽管科学现在认为它们是相同的，但是对于哲学的存在论来说，我们却不能这样做，因为哲学要求进行本原性的逻辑思维，而后才可予以评判。

存在的层级问题，从另一个角度也印证了我们关于存在必须特别依赖其"在场"空间才可以确定其存在的论断，我们意识确定存在的实在性，离不开人自身的"在场"空间，也离不开存在物的"在场"空间，离开"在场"空间，存在无从确定其存在，反过来，不同的"在场"空间将会呈现出不同的存在现象，否则，万物千篇一律，何来差异与变化？宇宙将会是一湾死水。

第三个问题是存在的终极形式究竟是"一"还是"多"的问题。

科学的发展告诉我们，物质元素的不同是由不同数量的质子和电子构成的，在质子和电子层面，存在物没有任何区别，即存在物的不同似乎只是数量的不同，而作为终极的存在形式，万物之间没有差别，有差别的只是数量与空间的分布不同，不仅如此，科学甚至用两个概念概括全部存在形式，那就是物质和能量，甚至还进一步说明物质只是能量的振动。所有这一切，科学似乎已经确定，作为万物的终极存在形式基本上就是"一"，至少不会是太"多"，在哲学的各种理论当中，当然也有这样类似的观点，认为世界起始于"无"或"一"。

关于这个问题和关于科学对此的验证结果，我认为有两个事情需要指出，一个是科学至今仍然不能说已经穷尽确定了元素和粒子的存在，或许在这之外还其他存在形式与其并行发生作用和影响；二是在存在的层级和层级之间的过渡过程中，以及粒子无限细分下去之后，未知的存在现象与存在形式或许会出乎我们的意料。从存在论和认识论角度来说，存在需要"共在"来验证或辅助其存在的确立，假如"共在"依然是自己或完全相同的另一个自己，就好比是离开人和人类意识来研究存在一样。因此，存在不论哪个层级，一定只能是"多"，而不可能是"一"或简单几个。

当然，将存在世界简化为"一"，是一种思维方式和习惯，人类知识的进步需要这样的喜好，但是那个"一"代表着人类意识在复杂的存在现象中找出它们的共同之处的做法，那是在寻找存在世界的自然规律，是意识对于存在现象的归纳与抽象，这种思维方式和习惯便于我们认识世界和改造世界。但是，即便世界是有某一种共同的自然法则，也不能就此认为存在世界就是这个"一"，或者就认为存在的终极形式就是这个"一"。假如终极存在形式就是一种形态，就是"一"的话，那么这个"一"是如何在空间意义组合成如此美轮美奂、如此丰富多彩的存在世界的呢？那么空间又是什么？如此推论下去，我们又只能像宗教那样求助于上帝之手了。

第四是关于"有"和"无"的问题。

这个问题我在《灵魂与法则》一书中曾经说过，"有"和"无"的关系是个相对成立的概念，无"无"无"有"，无"有"无"无"，"有"就是存在，确定的存在，不会凭空消失，而"无"则应该是什么存在都不是、都没有，因此"无"说明宇宙存在世界不可能真正无限，否则就没有"无"，这样，存在的"有"就不成立。另外，在存在的演变发展过程中，不是从什么都没有的"无"的瞬间爆发成浩瀚无边的"有"的世界的，"无"不可能变成"有"，否则，"无"和"有"无法区别，双方都不成立。但是，这里有一个"有"与"有"之间，以及"无"和"无"之间的问题，即如果一个个"有"可以被分开或确立，那么"有"和"有"之间是否允许无的存在，以便于区分？是否只有这样"共在"和"在场"才会产生？否则世界的"有"就是一个"有"，这样的话，世界又是如何演化、变化的呢？我们或许更应该相信，"有"和"无"的哲学关联都体现在我们意识层面的空间关系上，或许空间关系就是我们现在所讨论的这种最为抽象的"有"和"无"的关系。

二
空间与存在的认知

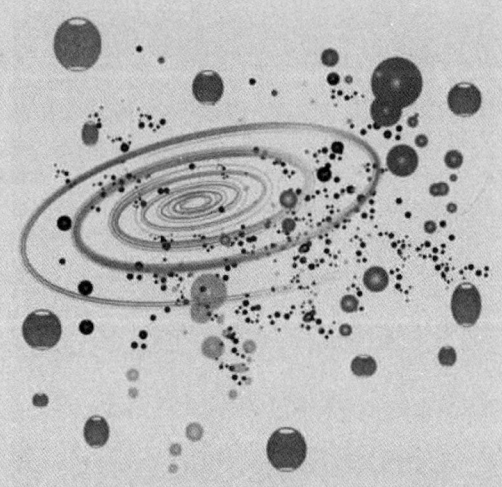

科学发展的关键在于如何正确认识和理解空间与时间，这是科学界的共识，其实，更加全面的说法应该是：人类全部知识的建立与发展都依赖于或取决于我们对空间和时间的把握。对于哲学而言，存在与空间问题就是那个最为核心的基本问题，这就是为什么我在全部哲学书中都会谈及空间与时间问题的原因。

人类科学技术的长足进步，以及进步之后走到今天似乎又遇到了障碍，这当中都有一个我们对于时空把握程度的问题；人类认识宇宙世界和我们人类自身的漫长历史，也都是建立在关于时间和空间的认知之上的，特别是实证主义的科学，因为所谓的实证经验，其实就是可以在空间中予以重复的存在现象；人类继续深入认识宇宙世界的程度，以及科学发展的未来及未来方向，依然取决于我们对于空间和时间的认识与理解。因此，存在哲学的思考方向应该也在于此。

爱因斯坦的相对论认为，空间是平滑的、连续的；量子力学则认为，空间是被量子化的、不连续的，电子围绕原子核运动的轨迹是不存在的，只存在与距离原子核远近有关的能级，电子随机地在这些能级间瞬间跳跃。这两种关于空间的认识在科学界是最为典型的和最为普遍的。爱因斯坦还认为空间和时间是可以变化的、弯曲的，就像太平洋上空的气旋那样。当然，也有科学家认为空间是网格状的，还有不少人认为宇宙空间是多维的，不是三维也不是四维，而是存在多个宇宙或平行宇宙。

哲学是最不会人云亦云的，针对科学界的这些理解，我们应该先不考虑宇宙是否有多个、是否有平行宇宙的问题，也不考虑空间变化弯曲的问题，我们应该首先思考和认识我们目前的科学技术可以观测到的范围之内，在没有变化弯曲的普通情况下，空间是什么样子。这是我们人类能够感知的也是熟知的空间，如果连这个最基本的都难以把握和确定，如果依然只是许多猜想，那么，我们讨论猜想的宇宙空间和设想的空间特殊情况，则没有任何意义。

哲学思考的关键之处就在于对待所有问题，都要究其根本和追根溯源，比如就拿平滑连续的空间来说，怎么理解这个平滑和连续？什么东西构成平滑，又是什么东西完成这个连续？它们又是什么样子？它们里面可以再分吗？如果可以再分，再分之后，在它们相互之间又是什么？对于不连续的空间，我们依然要问，在这些不连续的能级之间，在点对点的（随机）之间又是什么？确定是纯粹虚空吗？可见，世间所有可以刨根问底的问题，最难回答的就是这个空间。为什么？因为，我们理解任何东西都严重依赖于我们的空间意识逻辑，包括理解空间本身。

在上一部分的分析中，我们知道，我们之所以能够确定自己、自己的意识以及存在之物，就是因为这三者的"共在"。我们依据这个"共在"首先可以确定的是"我思"、"我感"的意识，然后是我们人自身和其他存在物，确定这些的同时就帮助我们建立起了这些"共在"的"在场"，就是因为有了这个"在场"关系，使得它们相互之间可以互为印证并被确定下来，而这个"在场"就是全部存在存在于其中的空间。简单地说，我们的意识所以可以确定存在，存在又必须是可以确定的，并且必须是在空间中的存在，就是因为我们人自身跟周围的存在物的"共在",以及这种"共在"关系所完成的互为印证和相辅相成的内容。

全部存在的共在场就是空间,那么空间对存在物而言将是无所不包的,也就是说空间可以被看作是存在物的总和,同时,这些共在场中的存在物所拥有的全部内容,就是空间的内容,这,就是空间的存在性内容。

那么,我们的意识又是如何来确定存在的具体内容的呢?或者说,我们的意识又是怎样才认识和确定这个空间的存在性内容的呢?显然,我们还是通过"我思"、"我感"。所有的存在,无论何种存在形式或者以何种存在现象存在于整个宇宙的共在场空间之中,都会对外展示其存在的具体内容,尽管这些内容可能远远不能表示其全部内容,或者这些展示的内容我们的感官不能全部接收或感知到,但是,就是这些内容的展示让我们人类感知和理解到了,据此我们才可以确定它们的存在和存在内容的。对于这些存在物所带给我们的全部存在内容,我们给了它一个称呼概念,那就是信息,存在的信息。很显然,所有这些带给我们人类意识可感可思的信息,就是我们所理解的空间的存在性内容。

对于所有我们已知的或者是可以获得的,或者是可以理解的存在内容,即存在的信息或空间的存在性内容,我们每一个人都知道,我们人类都将它们转化为我们意识的内容,即可以感思的、可以被意识理解的内容,比如大的、小的、方的、圆的、远的、近的、红的、白的、光滑的、粗糙的,或者是数学上的数值、美学上的丑美,以及理解之后的成系统的理论等。所有这些就构成我们对于存在世界的认识。在所有被我们意识转化的存在信息或空间存在性内容当中，我们发现，所有直接的信息而不是理解后加工信息，都是带有现在我们理解为空间意义的内容，无论是色彩、远近、距离、形状、数量、质量、体积等，或者说所有这些意识可感内容，都是空间意义上的内容，甚至可以这样说，一切关于自然世界的全部认识和理解，都可以归结到这些可以直接感受到的空间信息内容上。由此，我们就知道，空间的存在性内容全部转化为现在我们理解的空间意义的意识概念内容了，就这些内容来说，它们就是空间的意志性内容，世界何以认知、世界所以认知，皆因于此。

存在和意识不仅在空间的在场中互为印证地确定了，而且存在和意识在这些存在信息内容和意识感受理解的空间意义内容上重叠了，于是，现在我们所理解的空间概念与含义，就将存在和意识统一连接了起来，尽管存在的实际内容远不止这些意识所感所思的空间内容，但是它们让我们可以确定下来，不会落入空无，或者说我们可以确定下来的，也一定是在这个可以理解的空间之中的。

可见，空间的意义和内容有两个属性，一个是所有存在物都应包括的空间存在性，一个是纯粹意识感思的内容，即空间意识性或意志性，这个意识性内容本身只是感思理解的概念内容，与存在的性质相比，它又属于什么都不是。那么，我们可以简单地说，空间什么都是，又什么都不是，什么都不是的意识内容或许不能代表什么都是的存在内容，但我们可以确定的即人类可以认知的存在内容，一定是意识内容。这，也就是为什么前面我们说人类认识存在世界的关键在于理解空间的根本原因。

反过来，我们可以这样说，没有意识所能感思理解的空间内容的存在，我们也无法确定存在的存在，存在将无法被认知，这样，我们除了认定其不存在外，就别无选择了。

现代哲学比较普遍地认为，"显现"即为存在本身，也就是说无论人类可以感知理解多少，存在的全部内容均应在空间内予以展现，对于人类而言存在的现象就是存在本身和存在的全部。我们分析了存在世界为什么可以被认知，我们又是通过什么去认知，但是，必须清楚地指出，存在的现象即存在所显现的全部内容和我们意识感知的内容，中间存在着很大的差距，真相时常被假象掩盖，假象也将不断接近真相，我们不能将属于意识的概念成果认定为就是客观的纯粹的存在本身，比如，平常所指的空间、时间、质量、力等，我们需要永远继续下去的就是要突破这些被我们自己意识创设的概念的限制，回归到本原去，认知世界究竟本来是什么样子。

尽管存在内容能够传递给人类的，只是其全部显现的一部分，尽管人类能够感知理解的信息，也只是全部到达人类信息当中的一部分，但是，现在我们全部的感知和理解，却都要归结到这个空间意义上，比如数量、体积、距离、形状、大小、轻重、颜色等，所有内容最终总结到一起，就是我们人类关于存在物在空间中的各式各样的具体的内容和关系。为什么会这样呢？因为确定一个相对独立的存在物的诸多存在特性和内容，都必须以其"在场"和关联的他物为背景，反过来亦然，即所谓的"共在"，那么，这种"共在"的内容就只能归结到我们平常所说的空间概念内容上。科学技术的发展，在逐步揭示世界本来面目的过程中，那些难以理解为空间内容的诸如味道、颜色、质量、时间等概念，也都逐步走到空间概念内容上来了。我们人类所获取的绝大部分信息都是通过眼睛来实现的，其中，颜色已经可以用波在空间中的形态特征来理解，味道这种不是眼睛观察的内容，往根本上说，应该也可以表示为存在形式或现象在空间的内容来理解；自然界的一切存在现象，我们都将其回归到空间内容上来理解，只有这样，才有助于我们的意识真切地认知和把握它们。

我们这里所说的空间意义和空间内容，指的就是我们平常关于空间概念内容的全部理解，比如体积大小、形状、颜色、味道、距离、轻重等，关于存在物之间的相互关系和存在物自身的特性，详细理解和解释之后所展现出来的空间位置、空间体积和空间环境的变化等。存在的全部内容就是空间的存在性内容，我们意识所感思的也就是空间的内容，即空间的意志性内容。

可以说，人类认知世界的路径就是空间。

就此，我们可以这样总结：空间包括一切存在，是存在物的总和，这是空间的存在性内容；人类意识感知理解所有存在的内容和存在的信息，就是空间的意识性内容；空间因此将存在与意识统一连接起来，宇宙世界也因此可以被认知。简化一点，说空间什么都是指的是所有存在，说什么都不是指的是人的意识中关于存在内容在空间意义上的各种感知与理解内容，它们不是实实在在的存在本身，所以什么都不是，只是意识概念内容。

现在，我们回到科学的空间概念上来进行更进一步的分析。如果不谈及数学上的维度问题，也不考虑几个宇宙的事儿，那么科学所说的空间其实说的就是真空，这个真空当中除去可能有的一切人类业已掌握或了解的那些个物质粒子,再也没有其他任何物质。针对科学的这个真空空间,科学的认识和理解就是上面提到的两种观点——连续的和不连续的。

如果这个真空空间是连续的,它就有一个怎么连续的问题,如果说真空空间是不连续的,那么也有一个如何理解量子迁跃与隧穿问题。就第一种观点而言,连续物将注定代替真空继续变成一个难以理解和认知的问题,因为,我们还得回到空间的意识形态内容上来理解,无论它如何循环下去,都无法解决连续物和空隙的问题;就第二种观点来说,量子化的空间,量子迁跃或隧穿的那段距离空间和在两个节点之间的问题怎么去理解?有没有空隙与距离?如果没有,迁跃隧穿什么呢?如果有,那么空隙和距离又怎么去理解?所有这些追究下去所必然面对的问题,无论是科学和哲学,都要从空间的意识性内容上来予以诠释,诠释不了就无从理解确定,相反,如果可以从空间内容上进行理解和解释,则至少在我们习惯的逻辑上是可以通过的。

我们所有这些关于存在、意识和空间的基本关系的理解,都是从根本出发展开的,这样的基本理解内容与方式,就是人类认知的逻辑,人类认知的逻辑,最终也都将体现在空间的内容上。因为,脱离空间的意识性内容或者空间的意识性内容不能够真实反映存在世界的空间存在性内容的,不是不能被我们意识理解和确定下来,就是会给真实的存在世界一个错误的认识理解。

然而,就科学所致力于解释的真空空间来说,其实就是两个问题,一个就是真空里是否还有其他形式的东西,即是否有组成所有真空抑或全部空间的基本存在形式,比如类似科学界所说的以太或者反物质那一类的普遍存在，或者是暗物质、暗能量这种概念所指向的空间普遍存在物；另一个就是在宇宙空间中是否有纯粹的什么存在物都没有的空隙，这个空隙如果有，空间的距离和体积又是如何形成的？关于这两个问题，其实是人类认知存在世界特别是对其中的空间实质进一步认知所不可回避的问题。这不只是科学的任务，哲学依然需要思考。

　　除此之外，关于空间的许多科学理论，全都可以认为是臆想，因为，连最基本的问题都没有搞清楚，在没有直接的证据和可以实验重复验证的情况下，去猜想有多少个宇宙、有多少个平行宇宙、宇宙空间有多少维度，都只能是猜想，毫无意义，即便确实有，又能怎样？人类还可以认知吗？还是通过空间路径认知吗？如果不是，我们的意识怎么确定？难道人类业已确定并在多少万亿年逐步发展起来的意识逻辑要被全盘颠覆吗？如果是，那么在那个别的宇宙，同样会面临我们现在所提的两个问题：真空中有什么普遍存在之物？那个空间中有没有纯粹的虚空，它们的距离和体积何以实现？

三
物质中有无意识

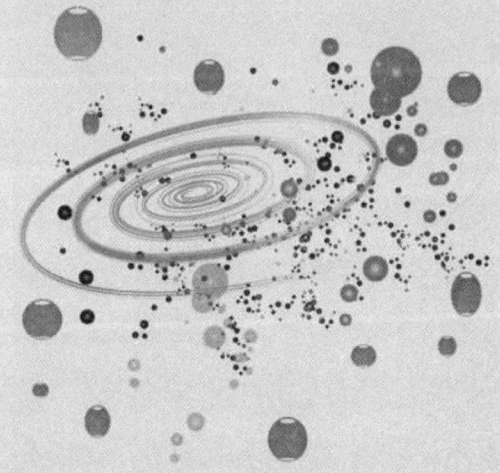

哲学谈存在，科学讲物质，哲学从其确定性和意识的对应性出发，而科学则从具体的存在现象着手，特别是围绕着物质的运动属性和特征进行研究。物质和意识的区分是哲学研究的成果，长期以来哲学家们总是在物质和意识谁是第一性的问题，即谁决定谁的问题上争论不休，但是，同时大家又都承认意识是人的意识，人也是一种存在物质，只不过是一种特殊的存在物质罢了。那么，究竟存在物质当中是什么东西导致了人具有意识的功能呢？现在，科学特别是量子力学的发展成果又将这一问题提了出来，这就是物质中有无意识的命题。

物质中有无意识的命题由科学提出来，其实它是源于量子力学所发现的微观粒子包括物质粒子和能量粒子的一个存在特性，即测不准原理。这个原理讲的是电子等量子层面的微观粒子的测量难题，即这类粒子在没有测量之前都是几率波，它们在空间中没有确定的位置或运动轨迹，我们不能同时确定它们的位置和速度，但是，一旦我们去观察或者测量，观察和测量会使物质粒子的几率波倒塌，成为观测到的现实。

还有，科学发现像铀等放射性元素的原子的衰变也是一个事先无法预计的纯粹的量子事件，比如说铀原子在下一秒衰变的几率是50%，所以薛定谔假定的猫在打开盒子之前，我们不知道这只猫是死是活，它们的概率都是50%，只有打开盒子，我们做了观察，波函数就消失了，我们看见了猫，才可以确定猫是死的还是活的。也就是说，薛定谔猫（粒子衰变的状态）既是死的又是活的，只有我们观测了它，它的存在状态才可以确定。

这些关于量子态的科学实验观测的现象其实就是在说：物质在微观层面上的存在状态取决于我们人的观察！科学揭示出的这个物质粒子的"测量难题"和存在状态的不确定性，很自然就引发了一个哲学意义上的疑问和思考：宇宙的存在本身是否拥有人类意识的基本功能？或者说物质中是不是真的有意识存在？如果有，它究竟是什么？

我们必须承认，量子的不确定性和测不准原理，这个存在现象是科学实证中发现的，但是，意识问题本身是所有科学问题当中最难的，人类具有意识能力是自然世界最奇妙、最深奥的存在现象，目前，人类对此的认识还太过浅薄，科学也远不能解答其中的奥秘。但是，这些却是根本性问题，无论是对科学界还是对哲学界，科学界无法逃避他们实验过程中所遇到的结果情况和难题，哲学界也不能回避科学家用实证所呈现给我们的存在现象。对于哲学思考来说，究竟是从没有意识的物质中产生了意识呢？还是万物原本皆有意识？另外，物质决定意识还成立吗？

我们首先必须得承认，如果测不准原理的意识现象是由科学家的实验测量设备和仪器导致的，那么应该还属于物质对物质的干扰或反应；如果导致这个测不准原理的是由人的大脑的意识产生，但是，从根本上讲，大脑也是物质，也是由原子、电子、质子、中子等粒子组成，大脑也应该有自己的几率波，它们是如何能够使被观察物质发生变化或几率波倒塌的呢？大脑的这些物质粒子和仪器设备的物质粒子对于被观察的微观粒子难道有什么不同的影响吗？对于更大的宇宙的现实来说，这是不是还意味着宇宙之外的还有一个具有意识的观察者？这些问题的实质就是量子力学中所说的"测量佯谬"。

　　思考和回答这些问题，首先要了解什么是意识，什么是存在的物质。我们现在已经清楚了，在所有的东西当中，我们最能确定的就是人自己的意识，即人自己的所思所感，这是最无法追根究底去定义的东西，我们每一个身体健全、头脑清晰的人都非常清楚。过去西方哲学说最不好定义的概念是存在，然后由此来解释意识，现在我们反过来从认识论出发以存在的确定性去思考它们，从确定"我思"、"我感"的意识开始，去确定存在以及它们的在场空间。

　　那么，关于意识本身我们应该如何针对性地去理解呢？毫无疑问，我们人是一个存在物，人的意识是我们的思维活动，我们的行动都是有意识的活动，所以意识就是一种存在的具体形式或现象，只不过，我们用意识去认真思考宇宙世界的过程当中，一般都是将意识与其他非意识的存在形式或现象区别开来进行理解的，这是笛卡尔创设的，因为这种理解是我们从自己的角度进行的，而理解本身的过程就是意识活动，另外，作为所有生物存在形式当中最高级的种类，我们不敢确定所有的生物存在形式都具有人意识的某种基本功能，它们是否都可以"我感"、"我思"，对此我们不得而知，但是它们中的许多相对高级的，肯定都具备一定的意识功能，特别是动物。我们之所以不能确定都有意识，因为生物及生命体的这一类存在，我们并不是拿是否拥有意识功能将它们区别开来的。

　　我们不需要深入思考，便可以理解我们人类自己的意识，那就是作为特殊存在物的人类，我们有意识能力和活动，这种能力和活动的基本特征是感知存在、思考存在，从而认知存在。

至于人类为什么具备这种复杂高级的意识能力，或者说其他生物存在形式没有人类这样的意识，或者我们说木头真是木头，石头真是个石头，意指它们没有人类那样的意识，一切都是存在物的不同表现形式，对于意识活动来说，就是存在物在这一现象中所呈现出来的不同程度的结果，其中的具体原因也一定是某些具体的存在物质的某种巧妙组合的产物。归根到底来说，人是存在物质，人的意识也只能是存在物质的表现形式；物质决定意识，这句话依然丝毫没有因此而动摇，量子力学的"测量难题"依然需要从物质存在中寻找它的原因。

现在只剩下一个问题，我们可否因为量子力学的这个"测量难题"的出现就认为万物皆有意识呢？显然不会，理由和原因，我们可以从以下几个方面去理解。

首先，人类意识能力和活动是个非常复杂的感觉反应过程，不仅可以对存在物的空间形状、位置、颜色、味道等复杂内容可以感觉，人类意识最为显著的能力是可以对自然界传来的复杂信息，进行复杂的推理反思，甚至上升为理论高度，从而发挥能动作用和指导人类实践活动。而微观粒子的这个测不准的状态相对于人类意识的复杂内容来说还是要简单得多。

其次，人类实验观测行为属于意识的主动行为，观测对象粒子的状态属于相对于意识行为而出现的状态结果，即观测后的结果，这不能简单地认为粒子对人类观测的意识主动行为所做出的乖乖溜溜的反应，或许这是因为别的原因的影响干扰或者是观测的假象。这种情况虽然看上去跟观测的意识主动行为有关，但其简单的反应本身很难说得上是被观测物质的意识反应。测不准是我们根据观测的前后状况及结果来认定的，按几率分布和观测时不能同时确定它的位置和速度，只能说明观测所反映的情况，并不能就此认定粒子的实际情况就是这样的，因为，我们的观测必须借助于设备或仪器的反应，比如肉眼观察所利用的光的反射结果，或者粒子波碰到某些特殊物质后的化学及物理反应等，也许会是这些反应出了问题，或者这些反应背后隐藏着某个我们不为人知的基本规律，比如观测过程中只传递了波而没有粒子的参与，科学实验观测的对象是波而不是粒子。

再次，像双缝实验所显示的量子测不准的现象，当我们观测并确定粒子是从其中一个缝隙中穿过的，但是我们却不能够确定它同时有没有从另一个缝隙穿过，看上去粒子运动状态取决于我们的观察，但是，你用什么确定粒子是从其中一个缝隙中穿过的呢？光速在如此短的距离的穿行，我们的观测严重依赖光速反射，人观测的光速反射距离一定比粒子穿过缝隙的距离要远得多，那么，我们观察确定的粒子从一个缝隙穿过本身就可能是错误的，更甭提是否穿过两个缝隙的问题了；既然我们不能确定粒子什么时候以什么方式从一个缝隙穿过，那么，是否可以同时从两个缝隙穿过照样也不可能确定。所以说，两个缝隙实验的干扰结果不能说明粒子的状态取决于我们的观测，如果是三个或四个或更多的缝隙，又会如何呢？最为重要的是，双缝实验本身不能说明从缝隙中穿过的是光波还是光子，只能说明和屏幕上特殊物质发生光学反应的结果或问题，但不能说明与该屏幕发生曝光反应的就是光波还是光子。对于光子本身是否存在，科学家依靠设备靠光的反射来观察确定光子，是绝对办不到的，因此，科学想直接证明光子的存在或证明光子不存在，同样都是办不到的。所以说，如果双缝实验中从缝隙中穿过的是光波而不是光子的话，用单缝、双缝、多缝来说明粒子的测不准难题以及粒子状态依赖人的观察的结论，就没有任何意义了。所以，比双缝实验和测不准原理更重要、更基本的问题是波粒二象性的问题。

第四，科学实验观测的粒子的不确定性空间分布和运动状态，如果不是我们观测仪器设备和方法的问题，那么这就是一个奇特的存在现象，但是这个现象跟我们意识的主动观测之间的关联依然是个未知数。电子围绕原子核存在或运动，在那么小的空间距离按几率分布，实验结果只能说明是在观察的某个时段的结果状态，或者只能说明是某种观测方法的结果，却不能说明电子本身的存在状态，更不能由此认为所有粒子所有时候都是按几率分布。科学实验更多的只能是佐证某个存在现象，科学实验的结果本身是个实验观测的现象，因为意识内容和存在内容之间的差距永远都是存在的。从根本的存在意义上说，我觉得粒子纠缠是可以理解的，因为那是一种共在的方式，但测不准问题却是值得怀疑的，它只能是测不准而不能说在不准，更不能由此说明是受人的意识影响。

最后，微观粒子状态只是物质存在的众多存在形式的一种，由物质的某一种形式出现的与意识活动相关的反应，就认定整个物质皆有意识，显然很牵强，虽然就现在而言，这些粒子是组成物质的基本形式，但是存在的形式是复杂的、多样的，即便是电子依然不能说是终极的存在形式。由粒子构成的物质其他的自然可感观的存在形式，以及宏观的存在状态也都并没有出现这种测不准情况，就物质的微观存在状态推定物质所有形式，肯定是不能成立的。

存在世界中出现人类意识现象，一定有其特殊的原因，它一定是各种存在形式在特殊环境和条件下的某种完美的组合结果，其中可能会有量子的奇妙反应或作用，也可能会有其他物质存在形式的参与；人类意识一定是存在世界最绝美、最动听的交响乐，但是对于意识这个交响乐来说，其中的首席小提琴也许更可能是波的互不干扰性，而不是量子的测不准特性，而指挥整个交响乐宏伟乐章的或许是作为空间的基本存在形式——以太。

对于人类现有的意识能力以及由此发展至今的知识水平来说，我们也应有个清醒认识，含羞草一经触碰便会蔫萎，对此我们是否也认为是它的意识呢？实际上它是正常的物理反应；量子力学和爱因斯坦相对论，肯定是我们人类的意识成果，各种与意识相关的现象内容，虽然同属意识，却相距甚远。我们说人类意识可能和量子有关，是因为我们关于世界的全部认知和意识基本上都是通过视觉系统首先来完成的，而与视觉系统相关的光波或光子感应，都和光量子相关，不论是光量子传来信息，还是人类的视觉系统自身的物质成分中能够感应光量子的东西，或者是遇到光波能够自然反应的类似于光量子层级的组成细胞的某些特殊粒子，我们都可以据此说我们的意识跟量子相关，但是量子本身是否就能代表或说明全部的意识问题，还不能这么简单地做出结论。

也许生物存在的某种物质粒子和自然世界的量子波动的某种固定的互动，在这当中起到了关键性作用，因为，这些互动的内容可以体现为前面我们所提及的空间内容，而且这些互动的空间内容用同样或类似的方式转化为我们的各种感觉判断，比如颜色、形状、距离、位置、味道等，而所有的所感所思结果又均是在此基础上的综合或抽象概括而成。但是，我们还是不能因此就确定所有能发出光波的物质皆有意识，因为，这中间不仅有一个与之互动的物质问题，还有一个光与该种物质如何互动以致形成意识结果的内容问题。所以说，我们可以有理由相信意识跟微观粒子或量子相关，但仅凭量子的测不准现象，就认定所有物质皆有意识是不可取的。

另一方面，我们几乎可以肯定地说意识一定是物质存在的意识，是存在的一种特殊表现形式，而且是综合的互动的表现结果，离开生物和人，离开某些特殊的而且是必备的物质，以及与之相匹配的"在场"空间条件与环境，物质产生不出人类如此繁华和高级的意识来。

至于究竟是什么样的物质，经过什么样的具体活动，让我们人类的感觉器官可以感知冷暖、远近、色彩与气味的，那都是需要具体实验验证的，由此而诞生和发展起来的生物物理这门具体科学，其最主要的任务除了生命的长生不老外就在于此了，因为这是人类最难解的谜团。

总之，意识一定是存在物所展现出来的意识，是诸多未知的具体存在物在绝妙的条件与环境中所进行的最为绝妙的组合结果，在此之中，究竟是什么存在的组合突变，成就了生物的感官功能，又究竟是什么存在的组合，让生物和人类突变出神奇的感知意识来，我们目前尚不明了。但几乎可以肯定，这当中一定会有量子的作用，但是，科学发展所出现的量子测不准现象，却并不意味着所有的存在物或物质皆有意识。

四
存在逻辑与意识逻辑

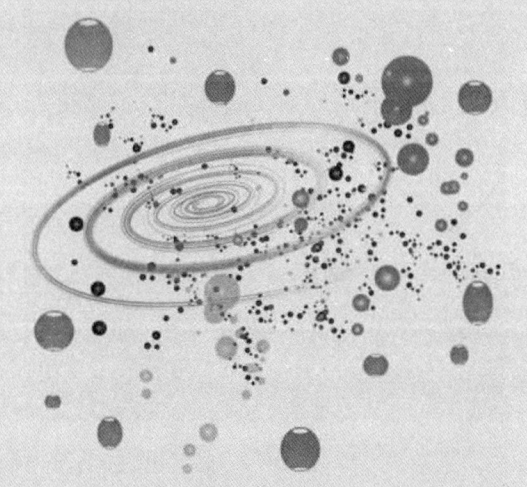

存在都是在空间中的存在，空间作为一切存在的"在场"和意识的对象，将存在和意识连接统一起来，因此，空间具有两种特性，即空间的存在性与空间的意识性，空间的这两种特性使得存在世界可以被感知、可以被反思和认知，换句话说，人类认知存在世界是通过空间的概念内容来实现的。

那么，人类的感知器官和思维系统又是如何通过空间内容来获知存在世界的呢？这会涉及两个方面，一个是存在物、存在世界和人类的感官、思维系统各自拥有什么样的规则规律，即存在逻辑与思维意识逻辑，另一个就是作为空间概念本身究竟有什么样的特性和内容。现在我们就存在逻辑与思维意识逻辑的问题详尽探讨一下。

谈到逻辑问题，一般而言大多指人的思维意识的逻辑，即我们人的思维意识的规则、规律，所谓思维意识的规则规律，其实就是对我们感官感知及精神系统思维活动过程的一种归纳和抽象。关于思维逻辑的解释与分类有很多，有形式逻辑、抽象逻辑，还有具象逻辑、对称逻辑之说，无论哪种解释与分类，这都只涉及人的思维意识的方法与规则，而不会涉及自然存在世界的逻辑概念内容。

由于我们前面关于意识、存在及空间的关系分析，特别是存在与意识在空间概念内容上的互动交叉关系，或者说在这个互动交叉的过程中，所能感知确定的存在规律的展现，现在，我们可以将存在物之间以及存在物所呈现出来的各种信息之间的诸多关联关系统一起来，都称之为逻辑，即存在逻辑。为什么都可以称之为逻辑呢？经过前面的分析，我们知道，任何一个存在物的存在都不是孤立的，都有一个共在的"在场"空间，包括存在物和我们人自身及人的意识的确定，都是因为这个共在而得以确定的，而对于这个共在是如何的共存共在，自然而然就涉及相互之间的关联问题，这当中既有存在物之间的，也有存在物和人之间的，还有存在物与人的意识之间的关联关系，所有这些关联关系，就构成了共在的具体内容，无论它们是呈现出来的，还是深藏不露的，我们人类所期望了解自然存在世界的主要内容和目标也就是它们。通常我们称之为因果关系或者因果规律，其实，就是我们现在正在分析讨论的问题——逻辑。

存在世界的逻辑规律和人类生存的逻辑规律，特别是存在物和人相互之间的关联关系，即人与自然界的逻辑，它们决定着人类的生存环境与条件，关系着人类的生活舒适与艰辛，也决定人类的生与死的命运，这一类的因果关系、因果规律都属于存在物之间的逻辑关系，因为人也是一种存在物，所有这一类的因果关联都属于存在逻辑，只不过人和自然界之间的关联关系是所有存在逻辑当中较为特殊的一种。

人类认识自然世界掌握自然规律，就是指要认知存在世界的存在逻辑，只有掌握了自然规律才可以很好地为人类的需要服务，当然，这当中也必须要认识了解人自身的生存及发展规律。但是人类如何做到认知和掌握自然世界呢？这个认知和掌握的问题，就要涉及我们人的思维意识逻辑。人作为一种特殊的存在物，拥有特殊的存在逻辑，这种特殊的存在逻辑与普遍的存在逻辑之间交互作用产生我们人类的意识逻辑，这样，存在逻辑和意识逻辑，就成为我们研究思考的两类主要逻辑。哲学的认识论的核心任务就是专注于研究思维意识逻辑的，通过研究意识逻辑了解人类如何感知和思考自然存在世界，了解我们的感知有什么样的规律特点以及有什么局限等。同时，这种研究也将一定会有助于我们对于存在世界本身逻辑规律的认识和把握。

我们通过这样的分类研究以及结合起来之后的综合分析研究，肯定会有所收获，比如什么符合逻辑、什么不符合逻辑？我们人的思维逻辑在认识存在世界中有什么特点和作用？存在和逻辑之间究竟是个什么关系？其实，说到底所有哲学家长期以来所思考的全部问题的核心，都是围绕这个逻辑问题展开的。因为逻辑就是那个带有普遍意义的规律，我们认识所有事物、掌握所有知识都是通过认识和掌握这些规律、逻辑来完成的。

科学发展和人类认知水平的进步在今天所达到的这个程度，我们虽然不敢确定存在世界有没有终极的存在形式，但我们却有一万个理由确信，如果有，那一定是"多"而不是"一"。我们知道水是由氧和氢结合而成，而不是别的什么元素，一个水分子和由众多水分子组成的汪洋大海所具有的能力和所展现出来的存在现象，是截然不同的，假如由这种水结冰的物质形成的巨大天体星球，那么它的存在形式又将会是完全不同的另一番景象。存在世界已经带给人类意识的可以确定的信息，早就揭示了这样一个确定的事实：存在世界自有其自己遵循的逻辑规律，不仅无数之众而且层级各异。这些存在世界的逻辑规律所呈现给我们的纷繁复杂数不胜数的信息，在微观、自然观和宏观，它们会展现完全不同的内容，哪怕都是像水那样的同一种物质构成的，另外，组成不同的物质需要由不同的或者特殊的元素来完成，似乎这所有的存在物在组合成新的物质前，它所需要的物质元素和环境条件全都是自然定好的，不容改变，否则就会组合成其他的东西，而这定好的组合形式就是存在物所遵循的存在逻辑；还有，存在物由最细微的粒子直至整个星球，在某一层级之内或者由低一级结构成更大一级的存在物的过程当中，它们在空间结构或者空间位置关系上似乎也是自然定好的，而且还经常是相似的，比如绝大多数元素在原子以及以下层级，它们的空间结构好像基本一致，都是质子、中子和电子或者其他一些亚原子粒子形式，在各粒子所属空间位置关系上也基本上一致，即电子围绕原子核，原子核内是质子和中子，不会出现相反的情况；另外，在所有不同元素物质都追溯到粒子状态时，似乎它们只是原子个数与电子个数不同，或者质子和中子等其他微观粒子的数量与空间分布不同，而在各自的原子、电子、质子、中子等其他微粒子本身的性质比较方面，好像没有什么本质的区别。

这些概括描述的存在世界的几个基本的特征，也是存在逻辑，因为它们是我们抽象出来的关于存在物及存在物之间的相互关系的基本内容，当然也是我们意识逻辑思维的结果，但是，我们仅仅使用了一些最简单初级的归纳、比较和总结，掺杂的主观意识成分不能再少了，否则，只能认为存在世界无法认知、毫无规律可言了。

就已经简单罗列的和尚未罗列的众多存在世界的逻辑规律而言，我们可以从三个方面来理解或总结它们。

一方面，存在逻辑是存在世界固有的，是客观的不变的，在终极存在形式与终极存在形式之间，在基本存在形式与基本存在形式之间，以及由低一级存在物构成空间体积上更大一级存在物的过程当中，还有自然界与宏观世界所呈现的各种存在现象之间，所有涉及的存在或存在物，它们的空间结合关系都是特有的，而且是固定不变的，这就是自然世界的存在逻辑，如果它们的空间结合关系呈现的现象或存在物出现不同，一定不是原本的结合关系出现问题，而一定是出现了其他的结合关系的重新组合或组合的叠加，或者是空间数量上的变化；那些相同的存在物或其组合在空间数量上的变化，应当理解为简单的由低一级存在物构成空间体积上更大一级存在物的过程，那些被表述为条件和环境的变化，其实归根到底都是存在物的组合或叠加出现了不同。由于这些逻辑规律的固有性与普遍性，我们才称之为客观规律，而且我们往往将这一要求来区别是归属于存在还是归属于意识，而存在世界也因为这个原因，让它对于人类意识来说变得可以认知，而且认知过程有规律可循。

第二个方面，在相同的空间层级中，不同的存在物之间的固有不变的存在逻辑规律又会有共性，在微观中不同粒子间的固有不变的空间位置关系，就是一种比较基本的存在逻辑，还有不同元素之间的相同种类的粒子之间，没有什么差异性，也是一个比较基本的存在逻辑，另外，微观、自然观、宏观的诸多相同的或类似存在现象，我们很容易按照思维习惯认定它们是同一种存在逻辑，但是，我们还必须有这样一个主观预设的思维准备，或许它们不是一个存在逻辑，因为空间层级完全不同，比如，天体间的引力现象和原子与电子间的引力，就是这样的存在逻辑，它们或许相类似但却完全不相同。

第三个方面，在不同的能量及温度环境中，同一种存在物或存在物的组合，往往会遵循不同的逻辑规律，或者说逻辑规律会因此而容易发生改变。因为，所有的存在物都在空间当中，能量、温度作为其他存在物的存在环境始终作为它们的"在场"内容，而且存在物之间的固有不变的逻辑规律，在加入更多或减少更多的能量、温度之后，比较容易随之发生改变，特别是针对我们所说的作为空间内容的存在逻辑来说。换句话说，固有的存在逻辑有一个显著的特征，就是容易随着能量、温度的组合叠加的变化而相应变化。就这个存在逻辑所展现的情况，我们还可以这么说：能量这种存在应该是其他存在物逻辑规律发生改变的一个基本的催化剂。

意识归根究底是存在物的意识，是人作为一种特殊的存在物所展现出来的特殊存在现象与结果，那么，从这个意义上说，意识的逻辑自然属于存在逻辑的一种，某些具体的思维逻辑不是直接遵循存在逻辑，就是因遵循存在逻辑或者在存在逻辑的运行过程的互动而形成，当然，最后所形成的主要的或基本的思维逻辑一定是意识所特有的，并借以区别其他非意识逻辑的存在逻辑。可以说，意识逻辑受限于存在逻辑，而属于意识逻辑所特有的功能，将会逐渐区别于存在逻辑而展现自己的特色内容，为什么呢？因为人类意识的自由意志性使然。

意识是我们每一个人所感所思，是无需定义便可首先确定的，只要我们去思考理解任何问题，这个思考理解本身就是意识的活动及其存在形式。我们经常说逻辑似乎是自明的、好用的，指的就是我们的思维意识的习惯和方式，即思维意识逻辑，原因就在于此，因为人类的意识是自然而然成就的，是亿万年的日积月累的结果，当身处其中某个时间点的人们自然地运用了当时已经成熟的思维习惯与方法，也就自明地和不自觉地运用了意识逻辑。从这个角度来说，意识逻辑之于存在逻辑的特别之处就在于它的长期形成与逐步发展，当然它也是会有所变化的。

对于存在逻辑，我们可以根据人类已经达到的认知水平，对它进行某种程度的归纳总结，但是对意识思维这种特殊的存在逻辑却无法一上来就进行概括总结，人类的认知包括科学，在面对自己的意识是如何形成时，依然知之甚少甚至几乎是一片空白，意识的复杂程度、意识的神秘性及意识的不可测性，是人类在认知整个自然世界的过程中所面临的一个难以克服的必经之路，它既是科学的任务，也是哲学认识论的重要课题。

针对这个问题，我们现有的存在逻辑和意识逻辑会自然而然地这样问下去：意识是什么？思考是什么？感知是什么？信息是什么？生命是什么？生物如何由存在物组合叠加而成？等等。所有这些问题或这些问题之间的关联，都属于意识这种特殊的存在逻辑的内容，思考分析这些问题有利于我们关于意识逻辑的理解，下面我们就分析一下这些问题。

意识是什么？意识就是人的大脑可以思考，感觉器官可以感知外界信息和自身需求。人的大脑为什么可以思考？人的大脑思考是建立在感官所感知的各种信息的基础上，思考的活动就是处理这些信息的过程，至于是什么导致人类可以具备这样的处理信息的能力，这是目前人类面对意识形成的难题中比较难的一个问题，或许人类需要成百上千年来完成，但是今天关于这个问题我们可以设想，或许它们和量子有关，或者还和物质中某个可能和光波频率互动反应的东西有关，因为，我们的感官接收的信息基本上都是跟光波或量子层级的粒子反应相关的，目前比较完整的信息概念基本上是经由量子理论导出的。但是，经过前面的分析，我们知道，即使量子可以代表物质，也不能认定物质皆有意识，或许，还有某种其他特殊的微粒子存在形式，它对于大脑处理光波频率的信息的作用，让这些信息得以传递、复制、解读、控制和执行。

感知是什么？信息是什么？感知就是人体感官接收反映外界或自身传来的信息，这当中绝大部分我们可以肯定和光波相关，或者与某种能够和光波振动互动反应的特殊物质相关，因为我们人类接收感知存在世界的信息全靠眼睛，这种信息的形式就是光波，而且光波的信息形式具有跨越时空和不受干扰的特殊功能。世界如此远离，光将所有的东西联系在一起，似乎空间每一点都包含着全宇宙世界的信息。虽然光将遥远的宇宙以及我们周遭的一切跟我们的人类联系起来，但是，我们现在还只能说存在物的信息对于我们的感官来说，仅限于光波和量子的信息层面，存在物本身的全部存在内容究竟有多少、能对外展现多少，对于我们人类来说还远远无法确定和解答。从科学和哲学的角度上说，我们可以确定，量子论无法解释整个存在物质，更不能全部解答整个宇宙的存在逻辑，存在就是存在的全部，我们意识所能认知的永远只是其中的一部分。

生命是什么？生物如何由存在物组合叠加而成？我们很难相信生命是由外星人或什么上帝创造的，这就是说，我们不会相信生命在根本上是由其他某种意识创造的，我们只能相信意识是生命的活动及结果，而不是相反，否则，我们又会循环问下去，外星人和上帝是怎形成的？他们的意识从何而来？他们从哪里来的？所以，我们只能相信生命是自然世界存在物的自然天成，只不过这种存在形式有一个特殊之处，它们是一个相对独立的可变异生长的存在，它们可以从周围空气中汲取能量和物质，并类似于一台机器那样自行运转，尽管至今科学没能合成生命的最小组成单位，但是自然界却经常无意间合成藻类，无论哪种生物，哪怕是最低级的生物都离不开氧，还有最简单的能量或物质的补给。或许氧、氧化物对于生命体而言不可或缺或者至关重要，或许这就是科学研究生命及意识的一个突破方向，或许光量子和氧的互动反应方面存在的逻辑内容，可以为信息在人类意识中的形成打开一页窗户。

当然，就这一系列提问，我们从根本出发和究其根源，也只是简单罗列一下意识逻辑本身的一些必要条件，以及关于这些条件可能成就的某些推断和猜想，但是这一系列提问的内容本身，就已经揭示出意识逻辑的某种模糊特征。我们可以归结为这样一些内容：意识逻辑不仅受限于生命的具体存在形式、感官能力和信息种类及范围，而且意识逻辑还会受到人类处理这些经验信息的活动本身的发展水平的影响。

对于人类的意识和人类的生命存在形式来说，我们别无选择，假如还有进化，那也是漫长岁月之后的事情；人类的感觉方式、感知能力，我们也是别无选择，我们只能将人类感官不可感知的信息转化成我们可以理解感知的内容；对于自然世界所带给我们的信息方式和种类，我们相信存在世界的内容远比光波及量子反应所传递给我们的多得多，努力探索其他形式的信息，是未来人类永远努力的方向。

经过上面的分析，现在我们对意识及意识逻辑的来源、形式、方式和路径等内容就有了一个较为全面的认识，特别是当把它与存在逻辑进行比较时，意识思维逻辑所应受到的局限性、意识自由任意性的根源，以及有别于存在逻辑的其他特征，就自然会渐显清晰起来。

我们无法列举具体的每一个意识逻辑或者意识逻辑的具体内容，但是，综合一下人类业已拥有和惯常爱用的，特别是那些不言自明、不思便用的思维方式和规则，再结合我们总结出来的意识逻辑有别于存在逻辑的诸多根本因素，我们可以从这几个方面来理解意识逻辑活动内容本身的特点与规律。首先，意识逻辑是逐步发展的而不是固定不变的；其次，意识逻辑是由简单向复杂演化，由直观经验向抽象理论发展的；再次，意识逻辑主要内容集中于空间概念内容上，空间概念内容是存在世界传递给人类的量子化的最主要的内容，几乎所有存在物的存在信息，经由光波传递后给意识思维所展现的内容，都是含有空间概念内容的，人类意识逻辑在针对所认识的存在逻辑的对象时，其主要内容都集中于空间"在场"的关系上，因此，空间与逻辑就是目前存在论和认识论的核心内容；第四，意识逻辑在基本方法上，即在对存在信息的处理方法上，主要就是这两种，比较和归纳，所有的意识思维分析几乎都是建立在对信息的比较和比较之后的归纳分类的基础之上，这是人类思维逻辑的最基本的方式，可以说，我们所有的概念、理论及印象的抽象，如果离开对原初信息的比较与归纳都是无法建立起来的，意识与存在的互动"在场"在互动的方式上除了感觉感知以外，所思所想所分析也都是通过比较和归纳这两种基本活动方式来完成的，如果说由简入繁，这就是简，在简的方面，意识逻辑具有同一性。

除此之外，我们还需要注意，意识逻辑从根本上说将不仅受限于人类这种特殊的生命存在形式，而且将受制于存在逻辑的具体内容，有什么样的存在逻辑，就有什么样的与之相适应或相匹配的意识逻辑。因为，存在逻辑是意识逻辑所要追寻的终极目标，只有这样，意识逻辑才可以真正认识存在的真相，否则，就无法实现人类意识认知存在世界的目标。

五
逻辑的统一与自洽

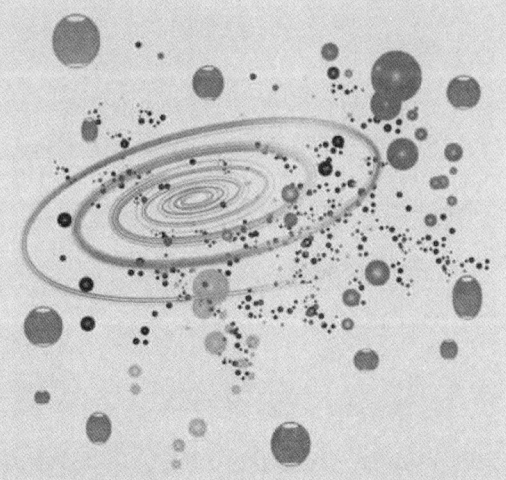

人类思想意识有一个规律和习惯，总是希望事物能够获得统一，比如希望人与自然可以和谐统一，民族和国家能够统一，社会的道德规范和意识形态可以统一，爱因斯坦相对论和量子力学能够统一，甚至整个宇宙世界都应该遵循统一的法则。这种意识逻辑和思维习惯不仅根深蒂固，而且往往还可以在实践中得到一些良好的结果与印证，似乎只有统一的才是完美的和正确的，科学也将能否统一作为衡量一切实验结果和理论的最为重要的标准，如果不能统一，就可以从逻辑上说明某个理论观点是错误的，好像这个意识上的统一愿望具有知识上的可证伪性和存在结果上的良好归宿性。可以说，无论是存在逻辑还是意识逻辑，人类从骨子里都认定它们各自都是统一的，相互之间也应该是统一的，不仅如此，人类在漫长的历史实践活动中一直追求着这种逻辑的统一。

那么，什么是逻辑的统一呢？宇宙世界万事万物所遵循的因果规律真的能够统一吗？还有，应该如何对待人类的这一思维逻辑习惯？

对于存在世界本身来说，存在逻辑的统一指的是存在世界拥有某种内在的不变的因果规律在统一制约着或构建着这其中的万事万物，一切存在形式、存在现象都应遵循某些基本的自然法则。人类的生存发展历史已有亿万年之久，人类生活实践的经验让我们拥有这样一个共识：存在世界真真切切遵循某些基本的因果关联，如果没有存在世界内在的因果关联，世界的存在将是不可认知的，存在世界必将是混乱的，因而也将不会存在。正是因为世界万事万物的一切存在现象背后都会拥有某种固定不变的因果关联，我们称之为规律或存在逻辑，存在世界才可以被认知，我们的意识从中寻出蛛丝马迹，总结或抽象出它的具体内容，然后我们便慢慢地、一步一步地扩大关于它们的认识，也就是说，存在世界当中隐藏在现象背后的那个固有的规律肯定是确定的，这是毫无争议的，至于每一个存在现象背后的逻辑规律的具体内容是什么，各现象之间的逻辑规律又是否相同，以及哪个是根本哪个不是，那是另外一回事。

人类是如何获得这些存在逻辑的呢？显然，不是通过主观猜测和存在个例，相反，都是通过观察实践的经验以及关于存在现象的相似性和或然性的总结分析得来的。关于这个认知的渠道，我们可以肯定它是确定的而且是唯一的，为什么呢？因为，人类思维意识逻辑拥有一个最基本的方式，那就是通过分析判断到比较再到抽象总结这么一个固定不变的认知方式，所以存在逻辑也就是由此而变成我们人类的意识逻辑的，或者简单地说，存在世界的真相和规律，就是这样被人类意识认知的，一旦成为意识的内容，那么就是那个关于存在世界的存在内容。如此一来，现在被我们提及的即意识确认的存在世界的规律，就是我们唯一可以当作存在逻辑的东西，因为这个东西本身不是存在物，而只是存在的内容抑或存在的本质，而它们本身具体内容的获得都是人类通过比较来完成的，在比较当中找寻它们相互之间的相似性、相同性以及或然性，最后抽象总结成自然规律。

那么，这就很自然而然地引出一个问题，存在逻辑特别是某些基本的存在世界的因果规律，它们的相似性、相同性以及或然性，跟现在我们所要分析的逻辑统一问题究竟有什么联系和区别。

每一个自然规律都有一个定域性问题，即某些规律只在特定的或已知的领域或空间环境中成立，换个地方或在将来新发现的空域中，很有可能它们将会失去效用。就这个在某个局域成立的存在规律来讲，它们也有一个层级的问题，即基本规律和简单规律之分，当然所有的作为基本的或者是简单的规律，都是一个相对而言的概念。在具体的因果关系上升为普遍遵循的某个简单规律过程当中，在一个简单规律综合为更为普遍或更为基本性的规律过程中，我们的意识其实都在找寻它们相互之间的相同性、相似性以及或然性问题，然后在比较与分析中总结出更为普遍适用的存在规律。

可见，逻辑的统一是针对那些更为普遍适用的存在规律而言的，而且它的实现也是通过比较各种具体的规律内容的相同性、相似性以及或然性来完成的。这一实现过程的特性同时也说明，作为更为普遍、更为基本的存在世界的规律，将会随着其层级的提高而变得更加难以实现，或者说更为普遍更为基本的规律，其可靠性将会越来越差，不过，作为意识成果来说，能够成为更为普遍、更为基本的规律的知识，也将反过来会更有价值和指导意义，因此，逻辑的统一即关于存在世界最基本的那些因果规律的统一，是非常不容易实现的。应该说，逻辑的统一是关于存在世界因果规律的相同性、相似性及或然性的高级形式，它是人类思维的习惯，也是人类认知存在世界的终极目标。

在每一次完成自然世界因果规律的提升和实现存在逻辑的统一的过程中，由于其所涉及的存在对象的空域范围越来越广，所涉及的存在内容越来越带有根本化趋势，面对这样的局面，人类意识别无选择，只能求助于更为抽象更为普遍适用的概念，或者求助于某些更为根本的存在内容，比如，用物质概念代表所有可见可感的存在实体，用力的概念概括所有物质间的相互作用，用能量概念来描述一切存在于空间当中的那些可转化和可公度的动力内涵，并将其视作一种基本的普遍的存在形式，还有，用质量概念来表示物质实体中所含物质的多少，等等。

这些创设起来并被利用到因果规律提升及存在逻辑统一过程当中的概念，本身实质上就是关于存在逻辑的一个基本的统一，统一到这些概念名下，所以说，逻辑的统一有一个重要的形式，就是创设类似于上面的这些具有普遍适用性的概念。这些被创设起来的概念在指导人类认知世界的过程中，将会发挥重要的关键性作用，然而，概念创建所依赖的局域性跟或然性限制，特别是创建过程中的意识主观性及思维逻辑的过度运用，很容易会在将来某个时刻导致概念的不可靠性的出现。因为，所有的概念都是意识的成果，都会面临不可靠性或不确定性问题，而那些代表存在的基本概念，在运用它去认识确定某些全新的存在现象，或者运用到全新的或更广泛的空域时，也会遇到问题甚至出现错误，导致概念逻辑冲突，则更是人类特别是科学界应该注意的问题，比如，能量这个概念的创建使得诸多存在形式和存在现象完成了逻辑的统一，然而，如果仔细问问能量究竟是什么，矛盾和混乱就很容易出现，因为能量本身很难被确定为一个具体的存在物，它是针对某一类存在内容和性质的，但是这个概念业已创建之后，极易被理解为某一类存在物或存在形式，甚至于作为一个最为基本的存在形式。假如我们将力、热、功、光、电子、质量等放在一起，将统一它们的能量概念拿出来，指认确定它们当中的哪一些或者哪些中的什么东西和内容是能量，从而具体地解释和确定能量，恐怕都没有办法完成。类似的概念当然比比皆是，力、场、质量等概念也都会遇到类似的困难，如果将场理解为不论什么东西大家都同在某个空域相互共存共在，可能还没有争议，但是如果继续细化成某种某类存在内容，并希望用场来解决或解释某些特殊的存在形式、存在关系，就容易出现滥用现象。而对于力、质量这样的概念来说，不仅会存在滥用的可能性，而且概念本身所指的内容就具有很大的不确定性，质量的争议非常明显，力的相互作用内容，看上去更容易统一所有存在实体之间在空间上存在相互影响作用的现象，但是许多肉眼无法观察的相互作用，或者哪个和哪个之间具体相互作用，比如两幢房子之间有没有相互作用，有没有相互吸引的力？再比如热传递有没有力？已经吸在一起被视为一个整体的两块磁铁之间有没有力？力一旦被细化被具体化或特指，似乎又什么都不是，它只是某一类相似的存在现象或存在关系的内容，但是，现代科学将自然界的现象进而概括为四种力，并进一步说要统一所有力，显然，从哲学上看，这在逻辑上是有问题的，即使号称已经统一了三种力，力的概念本身不说，三种力的统一这个说法本身也是不严格的，三种力的统一只是在几种存在现象的某一个存在内容上找到了它们的相似之处而已，如果将这个称为是逻辑规律的统一，显然非常勉强。

宇宙世界万事万物所遵循的因果规律一定是复杂的，这来源于存在的"多"，以及"多"基础上的众多组合与组合之后的逻辑规律的变化。所谓的存在世界的某种统一的原动力是不存在的，也是没有必要的，存在世界所有具体的简单的逻辑规律是固有不变的，它们的组合与组合之后的更为普遍的规则、规律是会相应发生改变的，人类意识逻辑用统一的愿望和要求去寻找所有这些各个层级的存在规律的相似性、相同性以及或然性内容，那是人类思维意识逻辑的习惯做法，人类似乎只能如此而别无他途，但是，对于宇宙世界逻辑规律来说，它们之间的相似性、相同性以及或然性，则是客观的属于存在世界的，我们所谓的统一只是在认识这些相似性、相同性以及或然性方面得到了一些收获，但，这不可能是存在规律本身的全部，特别是针对某一类存在现象而言。

对于存在世界来说，无所谓逻辑，逻辑也不需要统一，统一只是人类意识认定它们在某个方面、某个内容上所拥有的大致共性，但内容的共性不能代表它们各自的全部和根本，统一首先是我们人类意识的强烈愿望，它对人类认知和把握宇宙世界很有作用，但千篇一律用是否统一或能否找到规律的共性来衡量存在逻辑则是不可取的，而每一次人类对于存在世界逻辑规律的统一，也就是说找到两个或多个存在规律的内容共同之处，人类关于这个世界的认知，就又迈进了一步，甚至会是一大步。

牛顿力学用力的概念将所有自然观的力进行了统一，它给人类文明所带来的影响是如此之深远，这是一次真切的完美的统一，但是，这种完美与真切并不能成为所有宇宙间的力都可进行统一的理由，特别是量子力学与引力的统一问题，因为，力本身只是一种存在现象，在这类现象中我们看到了它们共同的特征，并以本属于我们感觉的力来描述它们，但是力本身不是一种具体的存在物或存在形式，甚至就连代替力的能量概念在进一步的考究中也很难胜任作为一个最基本的存在形式，那么，认为所有四种力必须统一，甚至认为宇宙中还有其他未发现的力都必须统一，否则将被视为不完美或不正确，就将会是主观上的一种思维逻辑与喜好，但结果和真相却未必可以如愿。

逻辑统一问题是将存在逻辑与意识逻辑结合起来后，作为逻辑本身所具有的一种重要特征，这一特征指出了存在逻辑与意识逻辑之间的差距，同时也揭示了人类认知世界的基本规律与路径。

逻辑统一问题还有一个重要的要求，那就是不能出现逻辑上的混乱与逻辑悖论，即逻辑的自洽问题，说得通俗点，就是理论内容中的逻辑必须符合理论所赖以建立的逻辑基础。

一般说来，是否符合逻辑针对的是我们日常中习惯使用的思维逻辑，但是我们的所有思维逻辑只要有实质内容，就都会涉及自然世界的存在逻辑，在比较两个概念、知识或理论过程中，它们当中所涉及的逻辑，特别是在比较两个逻辑或多个逻辑时，就有可能都是属于纯粹精神的意识逻辑，也有可能这当中必需含有存在世界的客观逻辑。如果是比较实验验证结果即经验和人类已有的关于自然世界的简单的意识逻辑，符不符合逻辑，指的应该是意识逻辑是否符合存在逻辑，也就是说新的发现与实验结果即经验结论，是否会推翻已有的关于自然规律的认识。如果是经由一个概念知识推导另一个概念知识，符不符合逻辑则指的是前后所涉及的逻辑内容，它们之间的变化发展必须符合其他业已确立的逻辑，特别是人类普遍的思维习惯，而不能出现混乱，否则思维过程本身就无法成立，其结果的可靠性在人类意识中就将遭到破坏，因为，人类绝大多部分意识成果即知识基本上都是由自己的思维逻辑构建起来的，不经由它的构建或违反它的构建，知识无从确立。其实，人类由理论形成新的理论，乃至形成一个完整的理论体系，也都必须符合自己熟用的思维逻辑习惯，不仅如此，人类所有复杂的技术也都是综合运用意识思维逻辑的成果。

这种思维过程当中符不符合逻辑思维习惯问题，它所展示的是思维意识逻辑本身在构建知识体系过程中所具有的构建功能，以及它的可证伪性，这种可证伪性就是不需要借助实验验证，便可直接对一个知识理论进行证伪的作用，因为逻辑混乱或矛盾就可以让它丧失作为确定可靠知识的结构基础。

然而，我们需要着重讨论的逻辑悖论和逻辑自洽问题，却不是这个。因为我们面对的往往是综合存在逻辑与意识逻辑的理论内容，而我们的推论过程即思维推理本身往往并没有违反我们熟知的习惯或规律，但在比较推论前与后的两个或多个逻辑内容时，有时会出现相互间是否一致或是否出现矛盾，那么，这就是逻辑自洽问题，即新理论的逻辑是否与它所赖以建立的一些逻辑基础相符，而这种比较往往是基于空间概念的理解之上的，因为构建我们意识逻辑的基本元素内容就是空间概念内容。

比如说，爱因斯坦的相对论，在由运动的相对性和光速的绝对性推导时空的变化性的过程中，就存在逻辑悖论。对此，《重写物理》的作者徐建设在他的这本著作中就作了非常精辟的剖析：

"适合任何物体的运动，都只具有相对意义，不存在绝对的运动，只有光是特殊的和绝对的。在相对论中，所有的物质运动都只是具有相对的意义，在逻辑关系上，由于相对运动的主客体双方本身都不具备绝对的意义，因此，具有相对运动意义的观测主体本身是不具备确定客体是否具有绝对运动的要件，所以它不能够确定某种客体的运动具有常数的意义。但是，相对论中却出现了一个常数，它唯一地确认了光速是一个不变的常数，并把这个常数作为自然的规律和它的理论基础，这与它的相对性原则显然是自相矛盾的。光在真空中的速度是一个常数，这一常数在观测中已得到确认，这一点没有什么疑问。但是，常数的存在意味着什么呢？它意味着光速的测得必须是在通过确定的时间中的光的绝对位移所得到的，常数必须由常数来得到。因为速度是时间和空间坐标的函数，所以对它的确定必须有确定的时间和确定的空间坐标来进行。由于相对论否定绝对时间和绝对空间的存在，同时也不承认有绝对的运动存在，所以，相对性原理是不允许任何具有常数意义的绝对运动出现的，他不具备确定常数的基础和要件。从逻辑关系上，相对性原理中不允许在所有的与运动有关的理论中出现常数，但是，它却使用了非相对论的常数，并且是一个完全不可因的天然的常数，这种双重标准在逻辑上是根本不被允许的，用一个不服从相对性原理的特殊运动去论证只具有相对意义的运动规律，在逻辑上也是根本不能成立的，这是相对论最根本的理论谬误所在，正是这个根本的谬误，导致它后面一系列错误的推理。"

徐建设解释说："爱因斯坦之所以必须建立这样一个光速概念，正是因为这样一个原因，他必须引入一个可以确定所有运动之间关系的因素，才能把一切无序的运动组合到一个可确定的框架中去，简单地说他必须要有一个可对时、空、速进行确定描述的基本量纲，因此而不得不引入一个特殊的常数，否则他的整个相对论时空理论根本就无法建立起来。"

就此，徐建设继续解释说："但这样一来，就使相对论从根本上走入了逻辑悖论，因为相对性原理在原则上根本不能得出常数，更不能解释这个常数又是怎么测得的和以什么为基本坐标系来进行测定的，当然也谈不上去解释为什么只有光在真空中的速度是一个常数这样的问题。在所有的物质运动都必须遵守的相对性原理中，加入了一个不服从相对性原理的绝对常数，这就使相对论从根本上成为一个彻底的谬误理论体系。并且，这种无理性地引入特殊常数，不仅不能排除绝对运动和绝对参照系，反而又从另一个角度上建立起了一个绝对参照系，这个参照系就是光速。因为只要证明了光速在真空中的值是一个常数，必然证明作为光速参照的时空具有不变性的绝对意义，这是逻辑。并且，从逻辑关系上讲，由于时间、空间和光速三者作为逻辑元的基本内涵不同，光速必须服从作为主逻辑元的时空本性的判定，时空量是确定速度的前提，速度量是时空量的比较结果，它的变化不必然影响前提的成立。所以，只要确定了光速的绝对性，就必然同时确定了时空的绝对性；但是，确定了时空的绝对性，并不必然确定光速的绝对性。"

徐建设总结认为："纯粹相对性原理的根本谬误就在于它什么也不能确定，只能引起无限相对性的悖论，所以它只能通过引入某一个无理的确定因素来建立一个可确定的关系，从而完成理论体系。但如果它引入了一个确定的物理量，那么它实际上已经从逻辑上否定了自身的理论基础，承认了绝对的时空和运动，所以纯粹的运动的相对性原理完全是一个自悖的理论。"

可见，当某个重大的科学实验或研究成果和某一个基础理论，显现出不一致的情况时，就很容易发生逻辑不自洽的问题，此时将意味着问题会带有根本性的，如果不是实验与研究有问题，那么就是我们过去某个重大的意识逻辑有错误。当然，我们还应该注意到存在逻辑在形成人类确定的意识逻辑的过程中，都有一个存在对象和空间定域的问题。考虑逻辑自洽问题必须着重研究这一关键环节因素，因为不同的空域，逻辑规律往往是不同的，如果有所相同或类似，那将意味着某种新的逻辑统一。但是，我们必须清醒，人类关于存在世界所建立的所有逻辑，从根本上说都是建立在关于空间概念内容的理解基础之上，包括形式逻辑和数理逻辑等，如果要改变空间概念内容，就将会涉及存在与意识两个方面，以及它们交叉连接的所有共在"在场"，这绝非易事。或许我们应该继续深入认知和丰富关于空间的概念内容，而不是考虑怎么颠覆它。

六
空间的逻辑统一性

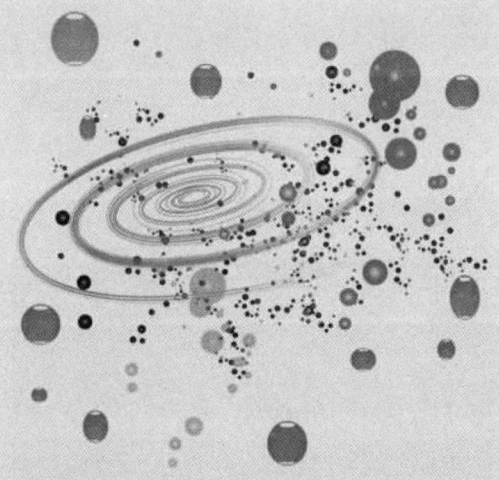

统一，归根到底都是关于逻辑的统一，真正的逻辑统一，无论是概念上的还是理论层面的，都不应该只是停留在部分存在内容的相同性或相似性上，而应当是存在的共在机理的一致性，即规律的普遍适用性或更为普遍的适用性，然而，规律的普遍适用性或更为普遍的适用性则意味着其统一的可验证性和可靠性将会变得更加困难。

存在世界的逻辑规律始终都会面临定域性与或然性问题，因此每一次真正意义上的统一都非常不容易，一旦实现，往往就是人类认知上的一次飞跃，所以我们都希望逻辑的统一，不能只停留在我们人类主观上的美好愿望与追求的层面，逻辑的统一特别是那些最为根本的终极的宇宙规律的确定与统一，我们相信它们一定存在，并且时时刻刻无死角地左右着整个宇宙存在的运转。为此，我们的习惯做法和良好愿望，将是否能够统一作为衡量所有理论的一个最根本最重要的标准，如果不能统一就认为是不完美的或者说就是有问题的。

科学界认为，认识宇宙世界的关键在于正确理解空间；对于哲学来说，关于存在世界逻辑规律的统一性问题，应当首先考虑空间及空间的统一性问题，或者说，最有可能完全统一的或者首先应该统一的当属空间。

空间是存在和意识的"在场"，一切存在都存在于这个"在场"空间当中，一切的存在内容几乎都体现为空间概念内容，也就是说，作为存在内容的核心的逻辑规律，其内容也基本上都是以空间概念内容来展现和表达的，无论是作为"在场"，还是作为宇宙总存在的抽象总和，抑或是作为我们意识所理解的有关空间的诸多概念内容，比如时间、体积、距离等。空间对于千变万化的存在世界来说，都具有绝对的普适性，这种绝对的普适性就是空间的统一性，即关于空间的逻辑的一致性。

现在的人类，我们的思维习惯和关于空间的意识理解，肯定不会认为空间是不恒定的或不统一的，无论是经典物理的绝对空间还是相对论所认为的弯曲空间。如果空间是绝对的，那么我们就一定会认定宇宙中所有的空间都是相同的，都是绝对的；相应的，如果空间是相对的、可弯曲的，那么我们也一定会认定宇宙中所有的空间都是相对的、可弯曲的。空间本身不分区域性，没有定域性和局域性约束问题，这是我们的思维习惯，是空间这个概念给予我们思维的一个定式，否则，空间就不能称之为空间。经过前面的分析，我们现在已经非常清楚，空间"在场"不仅是我们意识首先可以确定的，而且连我们人自身和自身的意识以及意识之外的存在世界，都是因为有了这个共在"在场"的空间才得以确定的。

基于此种原因，我们认为宇宙所有空间都应该是相同的，尽管居于其中的存在及存在现象千变万化各不相同，但是我们依然以空间无差别化的统一来看待整个宇宙世界。同时，这种空间统一性的认识很自然地给我们带来了另外一种认识，那就是：所有存在事物只要基于这个统一的空间之中，就一定会有一种统一的法则和逻辑规律在制约着它们，存在的逻辑也应该是统一的。这样的思维定式和认识让我们坚信，宇宙世界的逻辑规律可以逐步逐层地统一，如果说统一的完美主义思想在实际中或许是人类一厢情愿的话，那么这种一厢情愿也是有其深厚根基的。

在人类生活的漫长历史当中，许许多多抽象总结出来而被定义的集合概念，其实质都是一次次逻辑的统一过程，人类关于存在世界的认知也因此获得了真切的进步。实践仿佛在告诉我们，存在世界的逻辑规律的大统一应该存在，如果存在的逻辑的大统一存在，那么首先可以应该被统一的，毫无疑问就是我们所定义的空间及空间概念。

认识和确定空间的逻辑统一问题，是我们正确理解空间的哲学基础。在此基础上继续分析空间的统一性问题所涉及的各方面具体内容，特别是注意空间作为存在内容和作为意识内容的区分，深入解析空间以及空间诸多属性或衍生而来的诸多概念，对于全面正确理解空间的具体内容都会有很大的帮助。

下面，我们就从整体上来看看空间的逻辑统一问题，即如何从整体上去理解空间的统一性问题。

第一，空间的统一性问题是关于逻辑规律的，非逻辑规律的一些表面的或者现象性的片段内容，则不属于关于逻辑统一问题的表述，只有那些决定如何共在的机理的深层次内容才是有关逻辑规律的，在空间与逻辑之间，空间只有与逻辑规律相结合才可以获得真切的与确定性的理解，因为共在的"在场"关系即存在物之间的关联关系的深层次解读，全都要归结为逻辑规律，认识空间与认识存在，在这一点上是共同的、相通的，另外，所谓的逻辑及逻辑的统一，只要是关于存在世界的，都将最终被展现为空间意识内容，否则我们无法理解。

第二，空间的统一性问题应当突出强调它的优先确定性，只要我们所面对的宇宙有逻辑规律，有逻辑的统一，那么首先应当确定统一的就是空间，如果空间本身不能统一，空间是不确定的、不恒定的，空间也存在区域性和可变性问题，那么，我们意识赖以理解的标准尺度就是不确定的，如此一来，一切将是不确定的，或者说我们所确定的全部，都是虚假的、虚无的。

第三，空间的统一性最核心的内容是空间及空间与存在之间的关联关系，即逻辑规律是无差别的、无死角的和永恒不变的，也就是说，空间的逻辑统一要求空间无论作为存在的内容还是作为意识内容，均必须具有一致性和不变性。比如说，相对论认为，空间是弯曲的，那么所有空间都是弯曲的，或许只是弯曲的程度不同，那么，光（在空间中）走直线就不可能存在。

第四，空间的统一性要求人类关于意识理解的空间具体内容，即空间的诸多意识属性和附属概念内容也必须是一致的，在人类认识宇宙世界过程中，它们是我们意识的工具，也是我们认识的唯一路径，那么，作为工具和路径，首先必须是确定的、一致的，否则，就会产生互相矛盾和出现逻辑不自洽的概念与理论，知识的确定性就很容易出现问题，混乱将不可避免。

由此我们可以往下推理，假如作为存在的空间确有其物，比如像科学界提出的以太之类的空间基本存在，那么，这个空间存在不仅遍布宇宙各个角落，而且所有的空间范围都是因为它而成就，所有存在物发生体积和位置的空间变化，即科学所指的物质变化和物体运动，也都是由它的作用而引起。在这个空间基本存在与其他所有存在物之间，所存在的固有不变的共在机理，将会是无差别的、完全一致的，只有这样，我们才可以承认空间在逻辑上的统一，除此之外，我们无法理解空间的统一性。

如果真的是这样，那么科学所创建的力和能量概念在根本和终极之处所指向的就一定是这类空间基本存在形式。换句话说，空间所及之处无处不有能量和力，我们所称的能量和力，就都是我们意识所感知到的空间基本存在物和普通存在物之间的共在显现，那么，能量和力的概念也就是关于这类存在现象的总结与概括了。

由此我们还可以往下推理，空间的距离和体积在任何地方都是统一的，而时间只是意识关于空间距离和体积的概念延伸，等等。关于空间的诸多概念，包括距离、体积、数量、形状、时间等，全都是我们人类意识所感知的空间基本存在形式和其他存在物之间共在机理的现象较为详细的理解；空间在其附属概念方面的统一，不仅让我们的意识构建起完整、统一的关于存在世界的认识，各认识间在根本上不至于发生混乱，从而得以确定它们并形成相关的存在逻辑规律，而且在意识感知和认识存在的过程中，使得空间的概念内容具有普遍适用性。

同时，我们现在就基本可以确定，空间的基本存在形式一定是人类无法直接感知的，科学实验验证也是无法直接确定它的，科学界所称的反物质、暗物质、暗能量所意指的或许就是因为这个空间的基本存在物引起的，或许作为空间的基本存在形式，它比这类反物质、暗物质、暗能量东西还要难以把握。如果真是这样，直接感知或通过实验直接验证空间基本存在物及其逻辑规律就没有任何可能性，我们可以做的只能是依赖存在于其中的其他存在形式，逆向去理解这个空间基本存在物的存在状态了。

关于空间的逻辑统一性问题，从人类意识取向和认识逻辑出发，基于空间在存在和意识之间所起的作用，我们从整体上也只能给予它这几个方面的初步理解。但是，作为所有存在物存在于其中的空间，我们在上述关于空间的基本存在形式的推理分析的基础之上，仔细分析除空间基本存在物之外的普通存在物，然后借助于今天科学发展的成果，即我们观察确定的存在物共同在空间在场之中所展现出来的内容，还是可以做进一步研究分析的，比如说：

第一，假如有这样的统一的空间基本存在形式，一定会是较为单一的存在形式，否则还是无法统一，依然还是"多"，那么，作为这种最基本的单一的存在形式，它也会有单一与集体的数量之分，就如水分子、水汽、水流、大江、大河、大海一样，那么它应该具有单一和集体所具有的不同的功能作用，即不同的逻辑规律。也就是说，空间基本存在形式也会有数量上的层级问题，即在不同的数量层级上遵循不同的逻辑规律，展现不同的共在内容。我们现在已经了解的这些不同的存在现象就有：微观的结构凝聚和游离离散状态，自然观的物质物体的成形与相对独立状态，还有宏观的星球引力与星系旋转状态。

第二，无论是微观、自然观还是宏观，存在世界在所有空间领域所展现出来的共同状态都可以归纳为两种状态和形式：凝聚和离散。如果有空间基本存在形式，那么，它的最为统一和基本的逻辑规律就是给予存在于其中的所有其他存在形式这两种共在方式，即科学界从方向上将它们统称为的两种力：凝聚力和离散力，或者也叫吸引力和排斥力。科学的这一做法实质上就是从空间概念上关于存在物的共在方式的一种具体理解。

第三，波与场的两种现象，是存在物在空间表现为聚集和离散这两种基本存在方式的主要表现形式，在波、场、聚集、弥散相互之间，聚集主要是和场相关联，形成空间的相对独立性，而弥散主要和波相关联，展现空间相对独立性之外的相关性，波与场两者之间又紧密关联，波本身或许就是一种场的形式，宇宙旋转星系或许就是一种大级别的场波形式。

可以这样说，场是离空间最为接近的概念，因为场至少表现为一个相对独立的空间，而波则是最能表现空间的概念形式，特别是关于它在速度、距离和广延意义上的展现，所以，我认为，人类至今为止最了解空间的科学家只有两个，尼古拉·特斯拉和麦克斯韦，因为电磁波和电磁场被他们俩运用和理解得最为深刻，特别是特斯拉，只要看看《特斯拉传》或《特斯拉自传》就会跟我有同感的，他在哲学上关于空间理解之深以及在科学发现上的实用与超前，只能用旷世奇才来形容，而且没有之一只有唯一。

无论空间是否拥有这样的基本存在形式，只要了解或想获取更为普遍适用的逻辑规律，特别是存在世界大一统的法则，关于空间的统一性的详细解读，以及关于空间诸多附属概念内容详尽构建，都将有助于建设有关空间的正确逻辑，而正确的空间逻辑，特别是能够获得统一的空间逻辑，对于人的认知和获取整个宇宙存在世界的基本规律和统一法则，无疑有着至关重要的作用，或许还是一条捷径。

从根本上说，空间实际上究竟能否统一或者能够统一到什么程度，我们将会长久地没有答案，但对于空间统一的愿望却是确定的，人类追求逻辑规律的统一，是无悔的、不懈的，而且也是有益的，每一次重要基本概念和理论的创设，都会涉及逻辑方面的统一问题，但是最根本的统一还是空间的统一。

关于空间的逻辑，基于前面我们所分析的缘由，我们只能从空间的存在内容和空间的意识内容两方面进行理解，作为意识上的空间概念，我们不能仅就空间概念本身去领会空间，有许许多多其他概念都指向空间概念内容，我们不能丢弃一边置之不理，比如数量、距离、体积、时间、速度、质量等，甚至像颜色和味道等概念，如果追根究底下去仔细理解，也要以有关空间内容的其他诸多概念集合在一起去解读，另外还有最接近空间概念的场的概念，以及力和波的现象，等等，所有这些有关自然界宇宙存在的表述的概念，都要集中到空间概念内容上来给予它们认识和意识理会。所以我们说，一切存在均存在于空间之中，一切关于存在的理解，都要以空间概念给予它们详细的解读，即理解存在世界及其逻辑规律关键在于如何正确理解空间。

这，就是有关空间的意识内容的诸多逻辑。

以往哲学界关于逻辑的分析，都聚焦于概念上，特别是概念创建的依据和过程，进而分析判断概念之间的关联，这种做法可以说都是将逻辑问题全部放入意识领域所进行的研究，这样，所有研究都有一个先行预设的基础条件，那就是人类的思维意识的习惯和逻辑规律，如果先设的意识规律有分歧，那么逻辑的往下进行必然无法走到一起。然而，人类将会拥有什么样的认识，最终将取决于宇宙世界拥有什么样的存在，以及人类这种存在又有什么特殊之处，还是这句话：存在逻辑终将决定意识逻辑。

理解存在逻辑和意识逻辑的全部核心与焦点都集中在关于空间的逻辑架构上，但是，理解空间的逻辑存在内容和意识内容，这两方面都必须照顾到，比如说，数学的运算和物理学的实验验证方法，作为意识的逻辑可以被利用来认识和理解自然世界的逻辑规律，但是用它们去要求整个宇宙存在世界，或者认为宇宙世界必须遵循数学及实验验证的逻辑，显然是不正确的，至少是不全面的。

　　空间，显然是个最为综合与最为抽象的概念，全部存在内容与意识内容的确定与理解，我们都归结为它们的共在和互动的"在场"空间，那么，理解空间及空间逻辑即空间的核心内容，我们就又必须回归到存在与意识的两个方面去全面分析，当然，理解空间的存在内容和空间的意识内容，相互间又不是割裂的，两者的交叉互动的好坏与程度，将决定人类所能建立的全部认识和逻辑的好坏程度，因为，空间的逻辑是创设其他所有逻辑的基础。

七

空间与逻辑、逻辑与概念

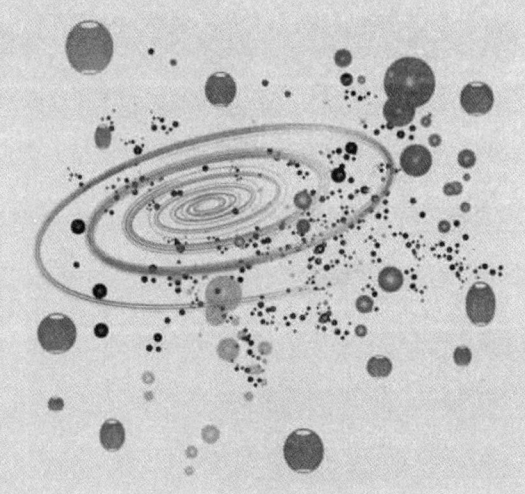

一切均存在于空间之中，一切存在的存在内容和方式都表现为它与其他存在的空间"在场"的共在关系，而这种共在关系基本上又都展现为空间概念内容，为此，我们人类意识才可以借助于这个空间概念内容，理解和把握宇宙世界各种逻辑规律。

　　一切存在的空间概念内容，无论是带有普遍适用性的存在内容，还是不具有普遍适用性的特殊存在内容，我们人类意识对于它们的理解和把握，都具体地严格依赖于我们关于空间所创建的诸多附属概念，比如说如果没有距离、体积、形状、方向、位置、时间、速度等概念的任意一项或几项，所有存在物的空间概念内容都是残缺的和不可理解的。那些带有普遍适用性的存在内容就是自然宇宙世界的规律，即我们所说的存在逻辑，也是必须依赖于我们意识中的空间概念内容，以及建立这些概念内容所遵循的和在这些具体概念内容之间所遵循的意识逻辑，因此，这在两方面都说明了这样的事实：所有逻辑都是建立在空间基础上的，所有存在形式和存在现象所展现的空间概念内容，其核心就是各种存在的逻辑规律。

　　为什么逻辑甚至是人类的全部认识这么依赖于空间呢？这不仅在于一切存在均存在于空间之中，也不只是因为人类意识依赖于空间"在场"来确定和理解存在及存在内容，还在于空间及其概念本身的基本性和统一性。在所有最基本的关于存在世界的概念中，比如存在、存在物、存在形式、物质、能量、力、粒子、空间、时间等，意指对象最为确定的就是空间，因为空间指的就是我们面前的或者遥远之处的那个无论细微或宏大的无差别的所有存在物所在的在场范围。这个空间，非常单一，指的就是这个范围；也非常基础，所有存在都有个存在的范围；它还非常抽象，就是个广延范围，广延范围无处不有。说它非常抽象，其实是最为抽象，相比之下，存在就非常混乱，存在拥有空间一样的抽象，却不如空间那样单一和确定，什么东西都可以说它是一种存在，可是差别却非常明显，每个人提起自己面前的存在，不知道所指什么对象，或者所指对象会出现千差万别。同样的道理，能量和力的概念也是如此，热、力、功和量子等都被能量概念一网打尽，但是，提起能量，对象依然很不确定而且差别明显，因此，能量的统一性也远远不及空间。其实这样的例子不胜枚举，相反，凡是涉及空间概念内容的，比如距离、体积、形状、速度、时间等，虽然和空间概念同样抽象，但是它们所指代的对象和内容，都是存在物某一个方面的空间内容，其各项具体的内容本身都是确定的，它不会随着存在物及其他情况的变化而发生改变。

也正因为如此，空间及空间各种附属概念，就都成为我们人类意识认识存在世界千变万化存在状态和存在内容的一个永恒不变的尺度与工具，人类意识理解确定存在世界的存在逻辑以及形成自己的意思逻辑，也就都脱离不了这个空间内容性。即便是关于空间的不同理解，或者认为有几个宇宙，或认为存在平行宇宙，都必须依赖于我们现有的空间概念内容和模式来完成。比如，虫洞、黑洞的洞的空间内容，时空弯曲、塌缩、膨胀的弯曲、塌缩、膨胀的空间内容，几个宇宙和平行宇宙的几个及平行的内容，指的就是空间相对独立性内容和几个宇宙在空间位置关系方面的互不交融与并存性的内容，还有，振动频率、颜色、味道、质量、轨迹、空间旋转等，所有存在物在空间中的存在状态的描述与理解，都会依赖于或必须借助于我们有关空间的具体概念内容来完成。

逻辑的空间性不仅表现在借用空间诸多概念内容的理解和认识工具方面，即逻辑的空间内容性和依赖空间内容的工具性，逻辑的空间性还表现为关于这些空间性内容的逻辑理解运用。比如，我们关于空间相对独立性而创建的数量和数学的概念理论，就可以进行逻辑运算与演示；再比如，我们关于空间体积、距离的具体理解，建立了几何学，还有关于空间位置的相对变化，我们可以计算和预测时间、速度和轨迹，等等，所有这样一类的逻辑演算与运行，都是关于空间某一项或某几项具体内容的具体而细化的理解。

可以肯定地说，随着人类关于空间的全面正确的理解，随着这种理解的细化和深入，类似于数学和几何那样的逻辑体系可能还会建立起来，比如，关于时间的深入理解，存在的逻辑与意识逻辑的变化将会具有某种颠覆性的作用。

由此可见，所谓关于空间的逻辑以及这些逻辑的运用演算，其实质还是我们人类意识关于存在世界的空间内容的某些具体的确定的理解与运用。为什么空间与逻辑在这一点上会具备互动性呢？我们可以这样来理解：

首先，逻辑作为存在内容具有普遍适用性，逻辑作为意识内容又具有自洽性，逻辑普遍适用性即统一性当中，空间的统一性则是最基本的统一，所有关于空间内容的逻辑可以一以贯之，逻辑的自洽性则要求关于空间的具体内容的具体细化的理解不能出现矛盾，如果不出现矛盾，那么这种理解就可以贯彻它们的统一，相反，如果出现矛盾，逻辑演算就无法继续，也就是说，如果逻辑的统一、自洽与空间的统一达到完全协调一致时，关于空间内容的逻辑就可以建立起来，完整精确的具体的认识内容也就形成了。用这种认识成果去认知或改造自然世界，只要是属于普遍适用的规律和不受个例影响的，就是好用的，而且还可以据此类推。

另外，逻辑之所以可以在空间某些内容上建立起来并进行运算和演绎，还有一个重要因素，就是空间不仅具有统一性，而且具有连续性，而逻辑的确定性便是建立在空间的连续性上面的，没有空间的连续性，空间的统一性就无法保证，逻辑的统一也就无法实现。

在逻辑的统一与自洽方面，相对论实际上已经陷入了逻辑的悖论之中，那么，量子论的不确定性和空间不连续性又如何理解呢？如果存在物本质上表现为空间内容的不确定性，那么其存在的规律即存在的逻辑就是不存在的，人的意识认知它也是不确定的，与此相关的因果关联就无法建立起来，物质的形成就会成问题；如果空间不是连续的，那么我们生活所处的空间以及由此所建立和成功运营的逻辑就会有问题，但是，现实告诉我们，我们所处的空间及空间概念逻辑在实践中的运用没有问题，基本上是通顺的、好用的。只有空间是连续的，整个宇宙才可以称得上是一个宇宙，或者说，宇宙空间才是真正统一的和无差别的、无死角的，甚至可以说，连相对论的弯曲时空都不能够否定空间的连续性，否则空间怎么弯曲呢？可见，在空间的理解上，相对论和量子论显然出现了矛盾。

量子论认为在微观状态空间是不连续的，因为观察发现空间中的粒子是呈不连续态分布存在的，它们是按几率分布的，即它们在空间位置的变化上没有空间连贯性，对此，我们怎么理解？

第一，即使量子是按几率分布的，空间在微观也不必然就是不连续的。因为既然量子是按几率分布的，那么量子在所有应在的空域都是有可能存在的，只不过是几率的大小而已，所谓分布的几率，指的就是在空间位置上的几率，如果空间本身就是几率的，量子也按几率分布，那么就是全空间分布了，而不是所说的按几率分布，量子的分布几率就没有任何意义，但是，显然量子力学所理解的空间不是几率分布变化的问题，而是是否连续的问题。

第二，假如空间在微观上是按几率分布的，那么，很可能说明空间基本存在物在微观上的时刻变化，或者说空间基本存在形式在微观上总是潮涨潮落、永不停息地荡漾，同时，这种荡漾之中是有纯粹空隙（或能级）的，另外，即使空间在微观上是按几率分布地荡漾，但这种状态也不影响空间在自然观和宏观意义上的连续性。可以说，所有建立在空间连续性基础上的逻辑，在自然观和宏观状态中依然是成立的。

第三，所有科学关于粒子在微观状态上的分布及其他特性，都依赖于实验观测的方式及结果，只要是实验观测就会涉及确定粒子的方式，比如光的反射、粒子的干涉与物理化学反应等，但是任何方式都会有一个反应的误差，比如，观测所依赖的光反射速度，是跟不上粒子在那么微小距离的运动的，而粒子的干涉反应也有一个仪器设备的反应速度问题，或许两者的距离差距巨大，反应速度跟不上，只反映了一部分分布状态，而这部分有选择的状态，其实和设备及检测方式有关。也就是说，粒子实验观测的按几率分布的结果，本身并不必然能够得出空间在微观上是不连续的结论。

因为，无论怎样，粒子肯定是在空间当中的，按几率分布的粒子不可能占满所有空间，那么空间或者作为空间的存在物肯定比粒子还要小，可以说比再小的粒子都要小，否则谁在谁之中呢？当然，我们假定说空间有基本存在形式。从直观的逻辑上，如果用大的东西去说明小的东西是否连续，本身在空间意识逻辑中就说不过去。

经过上述分析，我们可以看出，逻辑的统一，在存在意义上主要是基于空间的统一性，因为空间的统一是最基本的逻辑统一，空间的统一有可能会使存在世界的自然逻辑规律出现跨空域的更大范围的统一，即逻辑规律的相同性、相似性及或然性，逻辑的统一在意识意义上，主要是基于我们人类运用空间概念的结果和要求，统一的空间使得我们人类希望存在世界拥有更为统一的法则，并为之不懈追求和探索，运用统一的空间概念工具，我们人类去认知理解存在世界，在逻辑内容之间不会出现不自洽的冲突与矛盾，由此，我们所建立的概念理论就不会出现混乱，知识便可据以确定。

空间是我们意识首先可以确定的一个认识对象，并据此成为我们意识认识其他一切存在形式的最根本的途径，进而又成为我们认识一切存在的存在内容的意识工具，因此，所有的逻辑都是基于空间概念而建立的，一切存在对于我们人类意识而言，都必须存在于空间之中，否则就不是一种可以确定的存在，这样，一切存在的内容就都是空间意义上的内容，关于存在的内容的抽象总结而成的那些带有普遍适用性的部分，就可以成为我们意识中关于存在的逻辑。可见，空间与逻辑有确定性也有依赖性，另外，空间的统一性与逻辑的统一性，使得空间与逻辑又具有互动性，从而共同构建人类可以确定的知识体系，并可以获得完善发展。可以这样说，人类知识全都是空间与逻辑的统一构建与完美结合再造的结果，由此，我们还可以进一步这样说，存在与精神的统一首先要求的是空间和逻辑的统一。

存在世界的所有存在及存在形式，对于我们人类意识来说，它们的内容全都是空间与逻辑的具体结合，就这些存在内容本身而言，以空间与逻辑的标准，我们可以分为两大类，一类为自在，一类为共在，自在全都在共在之中，自在在空间意义上是不可分的，比如类似于科学所说的中微子和夸克之类的不可再分的，即那些终极的存在形式，就它们本身而言，它的存在及存在内容，在空间上是绝对独立的不可分的，因此它的存在是没有逻辑性的，是绝对的无理由的和无条件的。由于它的空间上的绝对独立，它的逻辑就表现在它和其他存在的共在关系上，因此，所有的共在就是众多自在之间的共在以及共在的叠加。

那么，所有的逻辑就都是关于共在的空间关系内容，空间与逻辑所构建起来的关于存在世界的知识就是这种共在的关系内容，即以空间和逻辑两大元素构建的各种各样的具体的共在存在关系。一旦这种共在存在关系在我们意识中构建成知识性的内容，那么，首先便表现为各种各样的概念形式，然后再形成成体系的理论知识。

由于存在世界的共在关系是交错互变和叠加的，所以关于存在的知识内容也会有空间意义上的变化和逻辑上的叠加，于是，在存在内容和存在内容之间就有不同的关联，我们所理解的各种具体的存在现象和因果关系,就是由此而来。这样,存在现象与因果关系的不同与变化,就会自然带来概念与概念之间的诸多关联问题,从而形成更为复杂的共在关系,和与之相匹配的复杂的逻辑问题。

因此,作为意识内容的逻辑,一个重要的结果形式和结构内容,就是一个个由空间和逻辑所建立起来的概念,逻辑创建许多概念,新的逻辑构建又必须依赖这些已经被建立起来的概念,甚至还会受到这些概念的某些约束与限制,这就是逻辑的概念性问题。

关于这个问题,黑格尔曾做过深入分析,黑格尔的逻辑学说的范畴分为存在论、本质论和概念论三个部分,他的"逻辑"是指我们生存的这个世界甚至整个宇宙中是否存在的本原、核心和本质,即逻辑是关于认识事物发展规律的理论。黑格尔认为,最抽象的概念就是理性认识的开端,这个概念被他称作"纯存在"或"纯有",他从质、量、度三个方面来解释他的"存在论",并从本质在自身之内的反应和本质所表现的对象,以及由它们所统一起来的"现实",来论述他的"本质论"。黑格尔认为,概念论是逻辑学发展的最高阶段,"概念论"是逻辑学的前两个阶段,即"存在论"和"本质论"的统一。"存在论"里的存在和"本质论"里的本质是"概念论"里概念生成的环节和内容;"概念论"里的概念是存在和本质的基础与前提;"概念论"是"存在论"和"本质论"的哲学完成,是"存在论"与"本质论"的终极。

我觉得,黑格尔将逻辑定义为整个宇宙中的事物存在的本原、核心和本质,是可取的,他将现象和本质统一起来,确定存在事物之间的相互关系,也是有一定的进步意义的,另外他的"概念论"应该也看到了概念中所包含的这种存在事物之间的相互关系，并认为"概念论"是"存在论"和"本质论"的哲学完成与终极。黑格尔没有像其他人那样将逻辑仅限于形式逻辑即思维方式上是非常可贵的，否则，在概念与逻辑之间，这种关于存在逻辑的哲学完成就无法获得。

但是，宇宙世界的存在事物的本原、核心和本质是什么？特别是在如何表达它们的存在、何以存在、如何存在方面，如果仅仅以现象和本质统一起来的笼统表述，对于存在世界来说，这种关于逻辑规律表述就显得含糊不清和难以把握，另外，从质、量、度三个方面来解释存在，未免有点主观上先入为主的色彩，比如质从何来，中间是否就有逻辑与概念的问题？而量、度虽然涉及空间内容问题，但是黑格尔还是没有将空间作为所有关于存在与认识问题的核心来进行考量，因此，他只涉及一个量变到质变的认识，延续强调了本质，却不能够直接指出这种本质的实质与核心内容就是存在世界的逻辑规律，也就不可能进一步阐述、分析逻辑与空间的关系。

现在，我们可以将黑格尔逻辑学中的"存在"与"本质"具体理解为存在事物之间的空间共在关系，在纷繁复杂的千变万化的这种空间共在关系中，我们将那些带有普遍适用的共在关系，称之为存在逻辑或逻辑规律，而且我们也解释了逻辑与空间的关系。

所有这些存在世界的空间与逻辑内容，被我们人类的意识认知确定了，据此就形成了我们的意识逻辑，包括存在逻辑的意识成果内容和形式思维逻辑，但是它们也不是永恒不变的，它们也有一个不断变化发展完善的过程，而且还会随着认知存在逻辑的变化而变化，同时，也还会自动指导和帮助我们进一步去继续认知存在世界，两个方面相辅相成、相互统一，那么，在这种意识逻辑的发展活动过程中，就很自然地涉及一个意识逻辑的重要形式及成果，那就是我们刚刚提到的概念问题。

应该说黑格尔分析了概念作为逻辑成果及逻辑发展的重要性，也指出生成概念的环节与内容其实就是"存在"和"本质"的逻辑，但是逻辑的定域性问题、逻辑的统一性问题，以及逻辑与空间的关系问题都没有涉及，那么，概念本身的变化与层级问题，特别是概念所表达的不同存在事物之间的关联及共在关系的叠加，等等，就很难继续深入探讨了，也就是说，我们还必须注意研究概念与概念之间的意识逻辑问题，以及概念形成理论过程中的意识逻辑的运用问题。

概念的形成与建立肯定是确定了某个"存在"和"本质"的逻辑内容，否则，概念就没有任何实在的内容，作为一个概念，本身就是我们人类意识的一个阶段性认识成果，也是获得某个意识成果的标志，琐碎的感官印象在形成确定某个概念的时候，一定会包含某个带有普遍适用的规律含义，无论是水、树、山那些代表某一类的存在的概念，还是地球、月亮、太阳这样的特指的概念，在形成这些概念过程当中，或者说在这些概念当中所蕴含的存在逻辑都是相当丰富的，而不是像一个人当着你的面指着太阳、月亮说"那个"，或者指着地下说"这个"，不仅仅如此，随着人类认识的深入，水、树、山、地球、太阳、月亮这些概念将会引出许许多多新的概念，许许多多别的概念将会用来解释它们。新的概念和别的概念，本身又都是一个逻辑的成果，在所有概念之间，无数的逻辑内容隐含其中。因此，概念就成了逻辑的一个重要成果标志，同时也成为构建逻辑的基本材料，概念的逻辑内容，逻辑的概念性要求，看起来和空间与逻辑的关系有所雷同，但两者不是完全相同，因为在概念与逻辑之间，两者都被划入到意识内容上进行理会与分析了。

逻辑的完成形成概念，或者说在完成一个新的逻辑的过程中严重依赖已有的概念，都比较容易理解，因为人类认识世界基本上就是这样一步步深入进行的，大家是熟知的，但是，应该指出的是，逻辑的形成与完善严重受制于概念的限制与约束，往往不为人们重视，于是，逻辑的进步发展就会受到阻碍，比如，力和能量的概念，当我们理解引力及核力的时候，力的相互作用，以及能量引起力的现象与能量守恒的逻辑，就变得非常不清楚，反过来，用场的概念来描述引力与核力，似乎就要缓解了这种约束，然而，场的概念逻辑又究竟是什么？还有，存在物之间吸引与排斥的空间关系，从逻辑上说，真的不如空间的弥散与聚集那样具有根本性和普遍性，但是，弥散和聚集的逻辑又是什么呢？

可见，逻辑需要不断深入和完善，在此过程中，既需要依赖已有的概念，也需要细化这些已有概念，还需要创建新的概念来进行表达，而新的概念又必须拥有与之相匹配的全新的逻辑内容，在逻辑与概念之间，这种相辅相成、互相约束、共同发展的要求和特点，就是如此明确，也只有做到这样，全新的更为完善的知识体系才可以去探究和完成。

八
数与超空间关联

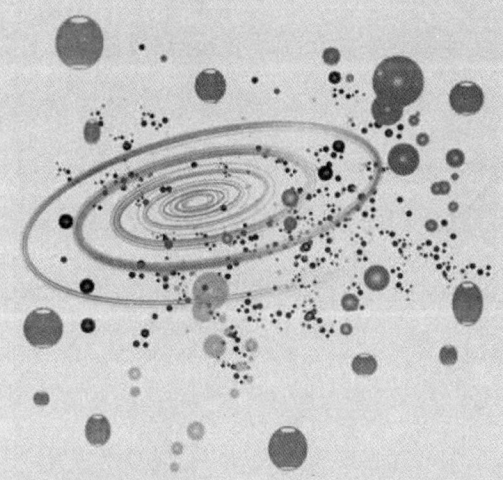

数和数学，这是所有人熟知的，但是要从根本上正确认识和解读它，却并不简单，比如，数是不是一种真实存在？宇宙自己的数学是否存在？或者，数学是不是宇宙中存在的规律？关于宇宙世界的科学理论需不需要满足数学之美的要求？

其实，关于数和数学这个问题的争议自古就有，或许还将持续很久。

毕达哥拉斯认为，数字是宇宙万物的本源，万物由数构成，一定的数量关系造就了宇宙秩序；柏拉图认为，数字必须存在，但要与纯抽象的领域有所区分；而亚里士多德则认为，数字的存在是抽象的，但是存在于物质对象本身。

维特根斯坦和奎因等人认为，数字并非真实存在，而是像游戏一样，只是我们人类创立出来的一组规则；康德认为，数字只是心理意义上的存在，就像那些构成我们心理状态的东西，比如对事物的看法或分类。

宇宙中严格按照数学来设定的比比皆是，解释复杂而有序的宇宙规律的科学理论，也因为拥有完美的数学形式，变得更容易被人普遍接受。所以，很多人认为，数学是宇宙中原本就存在的逻辑规律，人类发现了它们，经过研究总结出来的科学，但是，另一种观点则认为，数学本身并不存在，它源于人类对自然世界的认识，数学是迄今为止衡量宇宙运动最好的一套理论体系。

徐建设在他的《重写物理》中是这样描述的："事物的内在本质

质性应该比数量关系更具本理性的基本性。数学的创建和发展，无疑使物理学科学、完整、严谨；但数学毕竟不是一种自然存在，本身不包括任何物理内涵，也不能独立地表达任何物理概念，它可以帮助人们建立某种拟似模型来检验物理理论在形式上的可错性，或者作为物理规律准确度的量化检验，但不能作为基本的物理概念来判定，更不能决定对自然规律的判定是否具有理性，因此，不能以量化作为理性的标准，更不能以量化作为理论的终结。"他认为，物理学不能只满足于量化，真正的具有理性的理论必须指出其内涵机制和因果关系。

数的问题非常特殊，特殊到众说纷纭，却又感觉每一种说法都对，或者都有一定的道理，下面我们就来深入分析一下。

数和数学的概念，首先就会归结到简单的"1、2、3、4……"自然数，这些自然数当然是我们人创造出来的，但这些自然数所要表达的意思却是宇宙世界天然就有的存在内容，一个个、一株株、一条条……这些展现在人类感官面前的存在物的天然状态，人类想要表述它们的空间相对独立性存在内容以及相关联时的对象数量关系时，数的概念内容便在意识中建立起来了，进而，在比较自然界物体的体积大小和距离远近以及运动速度快慢的过程中，人类发现这种数量关系如果用数的概念进行表达时，会变得非常精确，就这样，数学就成了一门非常好用的形式逻辑，运用它人类可以精确掌握或预测存在现象的具体空间内容。

由此可见，数的概念及数学是人类依据存在世界而建立起来的一种意识成果，一种意识逻辑，而这种意识逻辑的起源与服务对象均是存在世界，所表达的内容是存在逻辑。如果没有存在世界的空间相对独立性及物质结团的特征、现象及相关的存在逻辑，数的概念无从建立；如果存在世界没有共在的数量关系，数学逻辑也建立不起来，或者没有用武之地，毫无实际意义。所以，我们可以这样来总结，数的概念内容和数量关系是天然存在的，它是一种存在逻辑规律，人类据以创建数字和数的概念以及数学，成为一种意识逻辑，这种逻辑归根结底来源于存在的空间内容，即存在的空间相对独立性和共在关联的数量关系。

如今，数学的发展已经相当深入，但是，数学的明天在哪里，却已然成为一道难题。如果我们懂得数的概念和数学的上述作为意识逻辑的起源、服务对象及本质，我们就会大致明了一些，那就是宇宙世界一切未知的共在关联的所有数量关系，都将是数学的发展方向与目标。

在这当中，有一个问题有必要拿出来单独说明一下，这就是：数学看上去似乎无需借助宇宙存在世界或人类意识，可以自成一体成为一门纯粹的科学。数学逻辑的演绎变化好像可以脱离它所要表达服务的具体对象，也无需求助人类大脑意识的臆想与灵感，数学自有自己的规律和发展路径，只不过人类大脑还没有完全达到它的真正的轨迹与终点而已。

其实，这是一种误解。

首先，数学的发展方向和目标只有一个，就是宇宙存在世界的所有存在的共在关联的数量关系，如果不存在这种数量关系，数学逻辑没有成立的基础，也没有任何现实意义，比如 1/2 和 1/3 个鸡蛋就不是个鸡蛋。

其次，数学自成一体的发展，实质上还是简单数量关系的人为意志自由性的组合与叠加，即逻辑规律的一定限度的自由组合与叠加，但是，数学的这种组合与叠加，其任意性还是取决于人的意识，它最终还是要取决于那些自然界业已存在的共在关联的数量关系的。

再次，数学所表达的是存在世界的空间内容，存在世界的空间内容非常丰富，数量关系只是构成存在的空间内容的一个重要组成部分，而不是全部，换句话说，数的概念只是空间意识内容的一种附属概念或构成概念，其实质就是空间概念内容。而作为空间内容，在前面我们分析过多次，空间既具有独立于存在和意识，又具有作为在场综合存在和意识的特征，作为存在和作为意识的空间，人类给予其相对独立的理解，而且这种理解还将会影响我们关于存在世界的认识，正确认知世界关键在于正确理解空间，正确理解空间，就有必要正确看待作为空间内容的数的概念逻辑。

最后，存在世界的存在（共在）关系基本上都可以表述为空间关系，但存在的空间关系远比数的概念所表达的数量关系要复杂得多，存在物之间的关联关系所构建的存在逻辑，在现实中的组合与叠加也固有其特定的逻辑规律，相比之数量关系上的演绎要复杂得多，而且经常是出乎意料，宇宙世界因此变得如此深奥莫测，所以，数学不能代替宇宙世界的存在逻辑，用数学演绎或用数学公式完美表达的不必然存在，数学可以用来表达存在的数量关系，但数学不能作为存在逻辑的判定标准。

人类因为掌握和运用数学逻辑，可以精确认知和把握自然世界，宇宙中存在的数学规律，让我们人类感觉到所有的一切都是那么有序的存在，世界既不浑浊也不混乱。牛顿的三大定律本身并没有直接表述为严格的数学形式，但是它们都是在牛顿的《自然哲学之数学原理》中阐述的，牛顿力学揭示物体在自然界中的运动方向、速度和其受力的大小以及受力的合力方向，都是严格遵循数学原理的。对于这个问题的深层原因，牛顿并没有解答，只是他凭着科学的实验验证的经验知识所获得的，包括惯性和引力问题也都是经验的结果，现在，经过前面的分析，我们应该是知道了这个根本原因的，从存在逻辑的客观存在以及我们人类意识逻辑的获得来说，数学由自然的存在逻辑转化为人类意识所理解的空间存在逻辑之后，我们就发现了数学的形式逻辑和自然哲学（存在逻辑）如此吻合，其实，事实应该反过来，因为我们所说的数及数学，本身就是存在逻辑表现为空间逻辑内容的一种，因为存在是空间的存在，在存在的空间性所表现出来的所有空间逻辑内容当中，有一个我们称之为数及数学的逻辑内容。

但是，究其根本原因并不是数学本身，而是存在本身及存在的空间性本质，数学本质上只是我们的意识反映它们的逻辑成果。为什么宇宙世界会是这样遵循数学有序地存在呢？原因当然会很多，但最根本内在机理，应该是宇宙存在的物质结团却又不至于结成一体，即物理学上所说的凝聚力和弥散力，或者叫吸引力与排斥力，而且两种力同时存在没有终结，这种力的现象和存在状态，我们人类目前只能如此归结，其更深层的共在机理，还远未触及。

在数学好用的空域里，或者在数学好用的关联关系当中，数学总是那么严格地被遵守，这又是为什么呢？难道数学规律真的可以不分对象的贯彻吗？如果仔细研究一下我们前面关于逻辑的统一与逻辑的自洽问题，这个问题就不再是个问题了。所谓数学好用的空域，或者数学好用的关联存在之中，作为数学内容的那部分空间概念内容一定会是统一的。如果存在的空间性内容当中数量关系内容不能获得自然的统一，就不会出现数学逻辑；另外，作为数学逻辑本身，在所运用的所有领域，人类关于它的全部演绎内容又必须是自洽的，绝不能矛盾和悖论，否则将会出现错误。

关于数和数学的问题，还有一个问题值得一提，那就是宇宙存在世界在数量关系内容上的守恒问题。科学发现的能量转换守恒现象，指的就是这些现象严格遵守了数学规律，但是，现实中出现的电子及光子的激发和接收数量之间，质能转换的数量之间、宇宙天体因引力旋转消耗能量以及引力耗费能量，还有恒星常年释放能量之后的质量却不减少等，更多的能量无法守恒的存在现象，经常会困扰我们。数学有其好用的空域，但是数学变成我们的思维逻辑之后，在被运用于解释众多特殊的关联存在中，经常会变得不那么好用了，这就是一个存在是否守恒与数学是否失效的深层问题。

数学失效问题一定会在宇宙世界中大量存在，因为数只是空间内容的一部分而不是全部，存在的空间内容除数之外的部分，数学失效必在情理之中；另外，人类关于数学的运用，其现实基础是存在的关联，关联的内容远比数量关系要丰富得多，超越的部分很容易打破数学规律的约束。然而，守恒问题一定是指数量关系的，当然守恒也会相对于一定的空域或一定的存在形式或存在现象的，在整个宇宙存在世界争中，总体存在的守恒应该是肯定的，奇点大爆炸式的一切从无到有是不可能的，爆炸解决不了所有问题，有和无的对应存在，有和无的转换，全都是指宇宙局部的存在形式与存在现象的变化，因此，从数量关联关系方面确定存在是否守恒，一定是局域性的，或者是特指某种存在形式的，否则，是否守恒将无从比较判断。

科学中所谓能量转换守恒，可能是宇宙总存在或者存在空间性内容的守恒规律在某种程度上的体现，而诸多无法理解的能量无法守恒的或者其他存在内容超越数学逻辑约束的，我们应该给予其正确的理解。首先，作为我们现在定义为能量的基本存在形式，终有一天这个概念及其所意指的存在形式会被更为复杂和精准的内容对象所代替；另外，不同的存在形式在同一个空域中甚至超越空域进行未知的转换，也一定是存在的；还有，基于宇宙世界的存在关系与因果关联来说，只要是存在就不可能变成绝对的空无，这不仅是数学问题，这是存在哲学，反过来，绝对的空无变成丰富多彩的存在物也是不可能的。

因此，从根本上说，存在即为存在，存在是无理由的存在，无理由的存在拥有天然的固有的存在关系即存在逻辑，只要是存在就一定会有其存在的理由即存在逻辑，"存在即是合理的"就是这个意义。

数量关系的存在逻辑，一定是存在的，在用我们意识掌握的数学去理解和认知遵循数量关系逻辑的存在现象，守恒是不奇怪的，如果不谈及整个宇宙中存在，出现许多不守恒的现象也是正常的，数学逻辑失效也是正常的，因为作为空间的基本存在形式，人类还没有搞清楚，宇宙世界的许多其他的存在逻辑，我们也还远远没有搞清楚。

作为空间概念部分内容的数学，一定是宇宙存在世界的数学，脱离宇宙的数学顶多只有理论上的意义而没有现实价值，宇宙之中确有数学逻辑的存在，但数学却不能解释和运用于所有宇宙领域，能够涵盖所有宇宙领域的，就是我们称之为共在关系的关联，而所有有关宇宙存在规律的认识及科学，可以统称为关联学，当然数学就是其中关于数量关系的关联之学。

我们比较熟悉的宇宙关联现象有三种，即物质结团成形、物体运动以及各种力现象的动因，这些都是我们感官常常可感知的比较普遍的关联，但是，显然，这些远远不能代表存在世界的全部关联关系。只要是可以被视为相对独立的存在物或存在现象，相互之间只要有关联，无论任何形式，无论是否受制于或超越空间与时间，哪怕是我们人类尚不知晓的形式，只要它们之间有关联共在，只要这种关联共在是存在世界天然的和内在的，那么就都可以归并到我们所说的关联学的范畴，关联学的实质就是构成逻辑规律之学。

宇宙存在在微观量子层面，就存在许多数学和现有的空间概念内容无法理解的现象。人类在地球上任意选定一个地点建设各种宇宙天文观测站，只要不受影响，只要设备足够先进，就可以接收观测到地球及其他无数个星球当中无数个点的信息，光和辐射波可以在一点和无数点之间进行同时关联联络，反过来亦然，好像全宇宙都可以通过光和辐射来进行关联联络，存在世界似乎远远超乎我们人类的想象，我们现有的数的概念和空间理解，很难设想它们之间的这种关联是如何完成的，因为如果像科学家所认为的电磁波和光波中传递的是电子和光子的话，那么存在物在数量关系上就一定有一个逻辑不自洽的问题，还有空间距离跨越和关联同时性的问题，对于宇宙间的这种跨空域的同时的关联，竟然毫无影响，数学逻辑失效明显，在这种关联当中，电子、光子和其他辐射物质的传递，以一对无数，以无数对一，同时的超空间范围的联络，具体理解确实很难，如果我们把这当中传递关联的看作是粒子形态的存在物，那么不管怎么共振、谐振都是办不到的，出现数学逻辑上的矛盾，必须引起我们的注意。

我们知道，光会反射，光有光子或光波，一束光打进房间，无数个光子如果理解成无数个子弹，那么我们所看到的房间和世间万物肯定是模糊的，世界将是不可见的，但是电子、电磁波、光子、光波，空气中充满着无数这种存在形式，它们居然互不影响地在我们周围空间中穿行、碰撞、共振和谐振，即便把它们只看作是波，而不是粒子，科学家告诉我们波是不受干扰的，那也要告诉我们为什么波在空间传递中相互之间不会干扰。这，就是哲学的思维，因为只有这种哲学思维才会通过刨根问底追寻存在现象背后的内在机理，即更深层的存在逻辑规律。

这些现象说明什么问题？说明宇宙存在世界具有超越数学、超越空间及时间限制的关联能力，或者说我们现在所理解的数学、空间和时间概念内容，在有些情况下失去效用，在宇宙的各种关联方式中，这些原有掌握或理解的数学逻辑、空间与时间逻辑无法自洽。那么，究竟是存在的关联即共在关系被误解了呢？还是我们关于数学、空间和时间的理解太过浅薄了？

数的概念当中零、负数和无穷大小，它们只能存在于人类的纯意识理论当中，或者，数学、空间和时间的概念，我们人类关于它们的理解也只能存在于意识理论当中，它们本身不是一种存在，时间归属于空间，空间包含有数学，但空间本身也许什么都不是，我们过去、现在或者将来给予空间逻辑的理解，也仅仅是我们意识的理解，空间在根本上说只是一个存在的"在场"，一个存在的共在关系内容，如果是这样的话，如果有作为无死角的空间存在物，那么这个存在物就不应当属于空间的范畴，空间或许就真的是空无一物，但是，就像物质、能量的概念一样，空间概念以及作为认知世界的空间概念工具，将会比物质、能量还要久远地使用。

波的传递不受干扰性，就已经让我们犯难了，量子纠缠的跨空域的同时瞬时反应，用已有的时空概念去理解更加不可思议，光和辐射波不管怎样还是在空间距离当中进行传递，并通过传递来关联，而量子（有的微观粒子）间的共在关联反应则无需考虑它们之间的传递和时空问题，那么问题就又来了，是时空对它们来说不存在呢，还是时空及时空中的其他存在物对它们没有影响？无论时间和空间对于量子来说是否真的存在，当两个纠缠的量子分置于不同的空域，两个空域之间其他存在物肯定是大量存在的，既然它们可以如此关联反应，一定可以说明这当中大量的存在物对它们而言，或者对它们之间的关联而言，是没有影响的。这一现象说明这种存在关联是天然的而且是跨空间的，空间距离的数量关系对于某些存在关联是失效的，这肯定是一种较为特殊的共在关系，居然可以不考虑空间和数学。或许类似这样的不受空间、时间和数学概念影响的共在关联，还有很多很多，等待我们去发现去理解。

其实，存在关联超越时间、空间和数学逻辑的，我们比较熟悉除了光和电磁辐射外还有引力,引力不需施加任何能量便可施以作用功能,而且引力的作用也是瞬时的跨越空间距离的,虽然引力遵循一定的数量关系,即在距离和质量上拥有一个完美的数学公式,但是质量本质上究竟是什么?我们还只能停留在物质数量内容上。引力让所有物体具有空间相对独立性,它的这种性质、作用和能力,如果用场的空间概念来理解,似乎变得容易和方便一些。

如此说来,我们经常所说的一切均存在于空间和时间之中的,却有一些存在形式或存在现象根本不受空间和时间的限制和约束,也不遵循某些习以为常的有关数量关系的基本规律和存在关联。

真相究竟是什么?人类或许需要长期探究,但是,假如真的就是即存在于空间和时间之中却又不受其约束影响,那么,我们又该怎么去理解呢?首先,我们没有理由去怀疑像光、辐射、量子纠缠以及引力之类的存在现象所反映出来的关联超越时空的特性,它们确定存在这种特性;其次,存在物之间的共在是作为空间"在场"的基础的,这种共在关联关系是第一性的,空间所展现给我们的只是它们综合的整体结果内容,存在之所以存在,就是因为各种不同的天然共在关系,以及这些共在关系的天然的组合与叠加,它们一起构成宇宙存在的本质,即宇宙存在的逻辑规律。空间和时间这个综合"在场"内容,是由各种共在关联关系交织而成的复杂整体,我们认识和理解的还只是其冰山一角。

存在的内容就是存在之间的各种共在关联,各种共在关联关系构建存在的"在场"空间,数、数学规律、时间、距离、体积等都是我们理解这些"在场"空间内容时分辨出来的空间附属概念,应该说还会有更多的全新共在关联内容等着我们人类去认知，然后创建出来补充到空间概念之中，空间作为综合"在场"的集合概念，所有存在及存在的共在关系内容均将被其一网打尽，我们现有给予空间概念逻辑的理解，并不能代表作为空间本身所拥有的全部含义。

数学作为好用的人类意识逻辑，同时，也是作为空间概念内容的重要构成部分，它在人类运用空间概念工具认知把握和改造自然世界过程中，变成了一种不可或缺的逻辑，人类运用它获得了精确性，没有精确性就无法掌握和利用确定的自然逻辑规律，于是，在面对超越数学和超越目前理解的空间、时间概念内容的各种存在的关联时，数学的发展目标及任务也就自然地提出来了。

世界的每一个存在关系的关联内容都应该是确定的，所谓的物质存在的几率问题、不确定性问题，一定是人类的认知不足和实验缺陷造成的，而绝对不会是存在物及存在规律随机瞎变的，尽管有些存在的共在关联会超越空间距离和时间。在人类面前的宇宙世界，只有关联关系的组合与叠加以及由此引发的连锁反应，绝没有关联内容本身的不确定性问题，为此，数学尽管不能够要求这些关联及其组合叠加和连锁反应全部遵循其逻辑规律，换句话说，数学也只是这些存在关系内容当中的一个部分，但是，数学作为精确的内容本质和存在世界的确定的关联内容却是一致的，也可以说，数学的这种精确本质应该就来源于宇宙存在世界的关联内容的确定性及一致性，否则，如果宇宙最确定的共在关系也只能用几率和不确定来描述的话，那么整个世界就一定是混沌的、不确定的，反过来，数学就会在任何地方都不好用，也就不可能出现数和数学的逻辑。

宇宙因此变得整体有序，自然之美也在获得有序和精确性的过程中得以展现，如果说宇宙世界有什么东西最令人惊叹的话，那就是各种自然规律都先定地永恒不变，以及它们组合叠加之后的新规律也都是先定地永恒不变，那么，又是什么造就了这些呢？我有一个终极的回答：存在先定，无需理由。

九
科学基本概念的逻辑问题

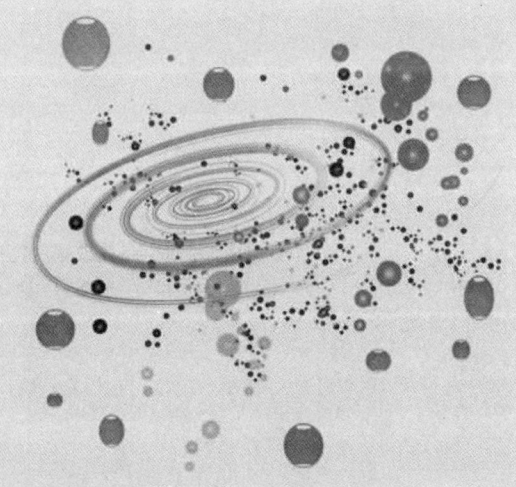

九　科学基本概念的逻辑问题

　　哲学从根本上说是建立在胡思乱想基础上的逻辑思想，而科学在根本上说就是实验验证这些哲学逻辑思想，因此，在面对认识宇宙世界的共同任务时，哲学和科学不应该各自为战，而应当兼顾彼此。

　　我没有机会参与科学一线的工作，有时难免遗憾，但我却时刻关注科学的成就，努力弄清楚科学新成就所要表达的思想，当然，关于思考存在世界的哲学观点，更是经常总结。在这个过程当中，我发现了诸多疑问，特别是那些带有根本性的重大问题，便很容易引发自然的深入思考。

　　我发现，哲学和科学有分道扬镳的趋势，科学界对于哲学往往不屑一顾，而哲学家们鉴于科学的已有成就似乎在有意回避思考科学家们所遇到的根本性问题；我还发现，科学界在面对更广阔的世界时，也遇到了难以克服的困惑，甚至在他们之间分歧依然相当严重，而且，如前面我们提到的，许多重大科学理论存在逻辑不自洽的问题，逻辑悖论相当明显。所有这一切给了我这样一个感觉：人类经过几百年的开化和发展之后，爬到了一个小山顶，当我们抬眼望去时，依然是一片迷雾茫茫。

　　因此，我们有时需要重新回到起点，人类究竟是如何可以思想？人类依靠什么理解存在事物和存在现象，存在事物和存在现象的什么东西是人类掌握的目标？特别是考虑到科学的方法和成就时，我发现，我的结论和已有的哲学观点之间存在明显的不同，科学的时空观与自然规律观在大的方向上是正确的、可取的。经过《存在的形式》

以及此后的继续深入思考，我认为，人类作为一个具体的特殊的存在，是依靠感官感知外界存在信息来认识宇宙世界的，认识和理解宇宙世界最根本的方式就是空间，一切存在均存在于空间之中，一切存在均是具体的空间共在的结果表现，存在的现象就是存在的本质，所谓存在的本质，那是我们人的意识关于存在物之间空间共在关系的理解，这样，真理、真相与假象及意识成果的问题，实质上就是这些宇宙中的存在物间的空间共在关系和我们意识关于这种关系的认识与理解的问题，如果有差别，就是现实与理解结果的差别，如果说有影响，归根究底也应当是存在决定意识结果的影响。鉴于此，我觉得黑格尔的逻辑概念是可取的，它们应当包括存在逻辑和意识逻辑，即自然规律和关于自然规律的意识成果。

所以我认为，人类认知宇宙世界的核心就是空间与逻辑，在这个问题上，哲学的存在论、认识论和科学的认识之间应该没有争议，如何正确理解空间以及如何感知和认识世间万物之间的空间关系内容，并将它们理解为逻辑规律，就应该是我们认识自然的主要内容。关于存在物之间的空间共在关系，我觉得可以分为两种情况，一种是那些作为不可分割的终极存在形式，它们在空间中的自在与自成是没有任何条件和理由的，一种就是各种存在形式之间在空间中存在的固有的共在关系，以及这种同在和共在关系的各种组合与叠加，所有这些共在与同在关系以及它们的组合与叠加，也应该是没有任何条件和理由的，如果说逻辑，这应当是第一个存在逻辑和意识逻辑共通的逻辑，否则，宇宙世界毫无规律可循，一切都是混乱无序的，存在世界便是不可认知的。

在前面部分中，我们就这些思想具体进行了分析和解读，实际上，关于空间与逻辑之间的问题，应该说基本已经清楚了，剩下的就是我们关于空间本身的理解，包括作为基本存在形式的空间以及作为意识内容的空间，还有作为空间诸多意识概念内容。同时，我们又注意到，在理解逻辑和空间时，在构成逻辑内容和空间内容时，我们人类意识必定会形成许许多多的概念成果，而且我们正确认识空间与逻辑还会严重依赖它们当中的许多基本概念，甚至是，许多基本概念将会严重影响和限制我们关于宇宙世界的进一步认识。

还是那句话，讨论存在哲学问题，我们不能离开科学的成果，在重建哲学存在论的时候，我们也应当重新审视科学的某些理论和观点。现在，我们就来看看科学的那些基本概念与理解。

对于科学的基本概念的质疑，其实在我的《存在的形式》中就有所涉及，在那本书当中，我从科学的已有理论观点出发，用哲学追根溯源的方式去探讨宇宙存在问题，就已经涉及过科学的基本概念，像物质、能量、质量、空间、时间、力、波等。我们从哲学角度去重新审视这些科学基本概念，针对的主要是这些概念本身以及相互之间的逻辑问题，逻辑是好用的，审视它们的逻辑问题，用的自然也应该是逻辑。

首先，我们来看看科学中的物质和能量概念。

以前物质指的是物质实体，就是所有存在于空间中的看得见摸得着的或者可以感知到的物体实在。现在，科学界认定物质是由原子构成的，原子是由原子核与电子构成的，原子核又是由质子和中子构成的，质子又是由夸克组成的，其中电子带有一个负电荷，而质子则带有一个正电荷，另外，质子、中子和电子均有质量，光子代表能量，运动的光子没有质量，静止的光子不存在。能量的概念是由力、功、热能、结构能及势能等发展而来的，它将力、光、电、热及物体运动等归结到一起，指的是使所有物质状态发生变化的一种动因，是物质处在各种不同状态下的共同作用特征，能量是一种可转换和可公度的动力。后来，能量则因为爱因斯坦的质能关系式被理解为质量的时空分布及其可变化的度量，用来表征物体做功的本领及一种空间结构的流动力。甚至，有的还据此认为物质的本质就是能量或能量的振动。

能量概念尽管作为一种可转换和可公度的量化，在可见可感的自然状态变得非常好用，并且将运动、变化、力、温度等这些带有存在的空间内容概念，与其紧密相连进行理解和解释，但是，如果能量不和质量挂钩转换来理解，作为一种关于实在的量度或者干脆作为一种实在，依然非常模糊；现在，量子物理非常直接地将能量归结为各种粒子形式，如光子、电子、胶子、介子、玻色子等，认为力是由交换一份份能量即"量子"而产生，不同的力由交换不同的量子所引起。

科学关于物质和能量的这种解释和理解，连科学家自己都会很自然地感到逻辑上的混乱，似乎每一个单向的或单个的理解都可以说得过去，或者说理由和逻辑还不是什么问题，但是放在一起就非常不自洽了。下面我们就具体地分析一下。

质量本来应该是物体所含物质数量的意思，过去我们的质量是凭借引力的经验而获得的，后来又引出一个惯性质量和引力质量概念，这样质量概念就开始模糊起来，究竟质量还是不是物质的含量？科学说构成物质的质子、电子、中子均有质量，按理说物质应该与质量挂钩，但是，狭义相对论的质速关系式说，物体速度越大其惯性质量也越大，难道物体速度增大时它的物质含量增大了吗？质能转换公式又说质量其实就是能量，质量可以转换成能量，难道电子、中子、质子中的质量就是能量吗？为什么实际结果只有其中很少一部分质量转换成了能量？究竟是物质和质量挂钩还是能量和质量挂钩呢？

量子物理将物质粒子当中的电子、光子、胶子、介子、玻色子等视为能量，说能量是可分的是一份份的，最小单位就是普朗克，所以被称为量子论，量子论认为力是由这些粒子的能量交换而产生。我们暂且不去追问究竟这些粒子是如何交换一份份能量的，按照量子论的理解，质子、中子没有这种交换能量代表能量的性质，应该就不是量子，但是，它们还是有质量的，那么质能转换公式所表达的能量与质量挂钩的关系还成立吗？质子不是能量但是质子所具有的带正电荷特性还属于能量吗？或者说质子带正电属性的那么一种能量力形式，还是在交换量子吗？可见，具体理解科学这些概念及其相关理论时，我们会感到非常混乱非常困难。

相对论的两个假设前提，一个是自然规律相同一个是光速不变，都是需要建立在一个惯性系当中的，那么，离开这个惯性系它就该没有任何意义了，但是实际上能够检验光速的惯性系根本就没有，而且宇宙星球与星系全都是旋转系与变速系的，另外，在一个惯性系中去验证所有自然规律相同实际上也是做不到的。在地球之内确实存在惯性，我们暂且把地球看作一个惯性系，在地球之内检测光速却是做不到的，在地球上验证所有自然规律是否相同更是办不到。那么相对论以这两个不存在也无法证实的假设为前提所做的推论结果，质量跟速度、质量跟能量挂钩在逻辑上就具有绝对的不可靠性了。为了满足这个理论结果，科学界只好说静止光子没有质量，运动的光子有质量，同时只好又补充说静止的光子不存在，实际上，运动的光子质量谁也验证不了，这不明摆着一切都是白扯吗？或许证明光子的存在或不存在都是办不到的！科学的这些解释从根本上说就是逻辑不自洽的表现。因为，我们可以说宇宙之中静止的物体和粒子均不存在，但是时刻运动的质子和电子可以确定它们有质量，却无需附加一个运动和静止的前提。如果我们再把相对论和量子论放在一起理解，在地球之内我们将其视为一个惯性系，量子论的自然规律已经统一了其中的三种力，但是量子论却无法解释地球的引力，因为引力子没有找到，我要说，不是还没找到，是引力子和引力波根本就不存在。

现代科学将能量和质量及量子挂钩，似乎物质这个概念真的没有什么存在的必要了，正如一些科学家所说，物质其实就是能量的某种振动，似乎能量是最基本的存在形式，是比物质更为普遍存在和更为根本的一种存在形式。

但是，能量概念的创建很明显是为了表述物质的运动的，无论是物质实体还是物质粒子，特别是机械能、动能、热、光、电能还有化学能。就拿热来说，热如果不能跟温度挂钩我们是不会得出热概念的，那么什么又是温度呢？各种能量形式最后总是体现为动和热，动和热对于我们人的感官确定来说最终都要跟温度挂钩，而温度则是指特定的某个空间内的物质粒子的运动激烈程度，如果没有物质及其运动，真空中热和温度就很可能什么都不是，但是太阳的能量时时刻刻就是通过真空到达地球的，真空中没有温度和能量，逻辑上又怎么去理解？

通过刚才我们所说的人的感官确定的力和温度的分析来看，能量被抽象地创造出来代替力、功、热等现象，它也只能用于表达物质的运动特征的量度，从发电机发电经过电线或真空将电能传递到终端再次振动发光或带动机械运转，都是从动到动，这当中所有的都变了只有动没变，这个抽象的动的量，用能量概念来表示确实非常好用。但是作为这个运动及其动量来说，有一个问题我们必须清楚，那就是运动是空间意义上的位置与速度的变化，运动是个相对的概念，那么，能量也是相对的吗？换句话说，仅仅因为空间位置和速度的变化物质是不会变的，物体物质还是那个物体物质，但是，能量就不是了，能量会发生完全不同的改变。

可见，在物质和能量两者之间进行比较，物质具有更加明显的确定性，物质在空间意义上具有绝对性，而能量的确定性要差很多，能量在空间意义上只具有相对性。所以，我认为，能量的本质就是物质的动量，物质比能量更为根本。

在逻辑上，关于物质和能量概念的定义与理解，显然科学界是非常混乱和不确定性的，确实出现了逻辑不自洽问题，在这么多的相互矛盾的解释当中，肯定有一部分是错误的。物质、能量概念的创建与应用本来所要说的意思和所要代表的存在逻辑，在科学实践中，已经被人为主观地歪曲或放大了，同时，当概念被创建并感受到它的好用之后，我们的意识又不自觉地受到了它的某种约束。这是一个存在逻辑与意识逻辑在实际中的差距问题，必须引起我们的重视，否则在人类认识宇宙世界的道路上，我们要走很多弯路和回头路。

物质、能量作为我们人类创造的意识概念，它们所代表的存在逻辑，在它们好用之处可以享用逻辑的统一所带给我们认识和理解上的便利，但是，超过这些空间范围去运用和理解它们就是滥用，逻辑的统一将显得勉为其难。

假如在物质、能量概念基础上继续深入探讨反物质或者暗能量、反能量之类的存在形式的可能性，那么从逻辑上说，反物质成立的可能性相对而言就比较大，因为，反物质和物质作为实在和确定性的存在，在根本逻辑上是一致的，只要它们某些特征相反或者表象不同，或者它们之间存在某种固定不变的共生共灭之类的关联，或者相对于空间内容来说拥有某种相反的共在关系。这里需要提及一下，我认为没有反物质宇宙，因为宇宙不可能由大爆炸而来，我更趋向于认为，反粒子反物质是同一个物质粒子在以太中的两种不同形式内容的反应展现。然而，反能量、暗能量则完全不可同日而语，因为能量自身作为某种存在都具有不确定性及空间的相对性，能量更多的是表述物质的空间特征，这个空间特征本身就是时刻变化的相对的，相反的空间特征或者不同的空间特征也还是能量，如果把空间中相反的力和不同的空间运动变化特征，分别对应于性质相反或不同的存在形式，即能量或反能量、暗能量，那么，从逻辑上说能量、反能量、暗能量其实就是一回事。

关于科学基本概念的逻辑问题，质量和力的概念也是非常突出的。

质量概念提出，本来有两个作用，一个是为了精确说明物体的惯性动量，另一个是用来精确说明引力的大小变化的。在地球上，物体可以处于绝对静止和匀速直线运动，改变这种运动状态就会涉及需要施加多大的动量，以及会释放出多大的动量（或能量），人们发现，物体的轻重不同会影响这种惯性动量，这两个量之间成正比的关系，所以就有了惯性质量和引力质量的概念，质量的概念就基于这样的实际需要提出来的。当然，这个质量概念被用来理解和解释物体的动量及引力重力的大小时，大家就会感到非常好用，其实，这个质量概念想要表达的只是物体所含物质多少的量度。原子论认为物质是由原子构成的，相对论认为速度和质量相关、能量和质量相关，如果让我们比较哪一个理论更加具有确定可靠性，肯定我们会选择原子论，因为毫无疑问物质都是由原子构成的更可靠，那么质量作为这个概念提出的初衷，就应该是物质所含原子粒子的数量，这种推论唯一不确定的地方就是各种原子相互之间，构成各自原子的质子、电子等更小的粒子是否存在差异，而不论它们的数量多少。

但是，现在相对论说物质的质量是它所含能量的量度，质量还会是物质速度的某种量度，这就很自然地在物质、能量的概念之间增添了许多逻辑混乱因素，导致很多逻辑不自洽的问题出现，这种逻辑的混乱和不自洽，让我们觉得物质、能量和质量三者似乎可以互换，质量也是一种存在形式，否则怎么能够在一定程度上等同于物质和能量呢？其实，质量本身是用来表示物质的数量关系的，能量是表达物质（物体）的动量关系的，它们都是关于物质的某种属性内容，如果放在空间及空间逻辑上理解的话，物质所具有的绝对性使得与其关联的质量数也是具有空间意义上的绝对性的，然而，作为物质（物体）动量的能量，在空间意义上却是相对的，而且这种相对性是绝对的，因此，能量必须是相对的。但是，现在，质量概念的这种相对论的错误理解和解读，就又把能量概念的本意给曲解了，能量变得是绝对的了，甚至物质还是由能量构成的。这种结果的认识，在空间逻辑上是绝对错误的，本来概念所表达的相对性的内容就变成绝对性的了，本来表示关于实在的某种特性和性质内容的概念，结果变成了比被表示的实在更为实在的实在了，本来严谨的人类认识逻辑，就这样被搅乱了！

在此，我必须要说，科学有时候必须冷静下来，回头仔细思考一下我们这些常用的、惯用的基本概念，它们创建时的逻辑和所要表达的存在内容是什么，现在我们基于它们所提出的理论及实验结果所得出的这个概念的含义又是什么，在它们两者之间是否能够获得存在内容上的一致性，因为这种一致性表示的是关于存在逻辑和我们意识逻辑的一致，也是在说明我们构建知识的概念和理论在组合空间存在内容的逻辑上是否出现问题，如果出现不一致的问题，就是逻辑的不自洽，作为正确知识和真理的内容是不能容许出现逻辑上的矛盾的，那么，一定是哪个地方出现了错误。

力更是主观性色彩浓厚的概念，关于科学界所认定的力的问题，我在《存在的形式》中专门分出一节进行了分析。力其实不是一种存在形式，力只是存在的一种现象而已，其实质就是物体运动的原因，特别是在相关的两个物体之间，两者之间的相互作用导致运动变化的现象被科学称之为力。但是，很清楚，这种存在物之间的相互作用的现象和原因多种多样，性质可能会绝然不同，实际上，科学界也认识到无法将它们统一称之为力，结果，只好用功和热及能量的概念来代替力。经过上面的详细分析，现在我们又知道能量自己都是个相对的和不能确定的东西，究竟是一类粒子还是依然表达物质的某种动量，抑或是用更模糊的质量来诠释，现代科学非常混乱，可惜的是，这种混乱似乎科学界很少有人认识到，大家基本上都没有认识到这些问题在科学大厦的基础上所蕴含着的重大意义。

我们再来分析一下量子论的几率波和波粒二象性概念问题。

关于这个问题，我们还是先来看看具体的经过。海森堡在《物理学与哲学》一书当中是这样写的：

> 1924年，法国的德布罗意试图将光的波动描述方法和粒子描述方法间的二象性推广到物质的基本粒子，首先是推广到电子上去。他指出，有某种物质波云"对应"于一个运动电子，就像一个光波对应于一个运动光量子一样。
>
> 量子论的准确的数学表述最后是从两个不同的方向发展出现的，一个是从玻尔的对应原理开始。人们不得不放弃电子轨道的概念，但在高量子数的极限情况下，即对于大轨道而言，这个概念仍需保留。在后面的这种情形中，发射辐射以它的频率和强度给出电子轨道的图像，这个图像代表数学家所谓的轨道的傅里叶展示。这种观念自身说明了，人们不应当把力学定律写成电子的位置和速度的方程，而应该写成电子的傅里叶展示中的频率和振幅的方程。从这样一些方程出发并稍稍改变它们，人们就能够希望得到同发射辐射频率和强度相对应的那些量之间的关系，这些关系甚至对于小轨道和原子的基态也能成立。这个计划是能够实

际实现的；1925年的夏天，它引导出一个数学形式系统，称为矩阵力学，或者更一般地称为量子力学。

另一个发展方向是随着德布罗意的物质波的观念而来的。薛定鄂试图建立一个关于环绕原子核的德布罗意驻波的波动方程……后来，他又得以证明，他建立的波动力学形式系统和较早的量子力学形式系统，在数学上是等价的。

因此，人们终于有了一个前后一致的数学形式系统，它能用两种等价的方法规定下来，或者从矩阵之间的关系出发，或者从波动方程出发……波动图像与微粒图像间二象性的佯谬尚未解决，这些佯谬不知因什么缘故而潜伏在数学方案之中。

玻尔、克拉麦斯、斯莱特在1924年向真正理解量子论迈出了第一步和很有意义的一步。这几位作者试图用几率波的概念来解决波动图像和粒子图像间的明细矛盾。电磁波不被解释为"真实"的波，而被解释为几率波……不过，这个结论是不正确的，而辐射的波动面貌和粒子面貌之间的联系却变得更为复杂了。

后来，当量子论的数学框架确定了之后，玻恩采取了这个几率波的观念……它不是像弹性波或无线电波那样的三维波，而是在多维空间中的波，因而是颇为抽象的数学量。

玻尔把两种图像——粒子图像和波动图像看作是同一个实在的两个互补的描述。这两个描述中任何一个都只能是部分正确的，使用粒子概念以及波动概念都必须有所限制，否则就不能避免矛盾。如果考虑到能够以测不准关系表示的那些限制，矛盾就消失了。

海森堡还详细介绍了双缝实验以及他的相关理解。

单色光源向一个带两个小孔的黑屏辐射，孔的直径不可以比光的波长大得太多，但它们之间的距离远远大于光的波长，在屏幕后面某个距离有一张照相底片记录了入射光……如果容许讨论单个光量子在它从光源发射和被照相底片吸收之间所发生的事情的话，人们就可以做出如下的推论：单个光量子能够通过第一个小孔或通过第二个小孔，如果它通过第一个小孔并在那里被散射，它在照相底片某点上被吸收的几率就不依赖于第二个孔是关着的或者是开着的。底片上的几率分布就应当同只有第一个孔开着的情况一样。如果实验重复多次，把光量子穿过第一个小孔的全部情况集中起来，底片由于这些情况而变黑的部分将对应于这个几率分布。如果只考虑通过第二个小孔的那些光量子，变黑部分将对应于从只有第二个小孔是开着的假设推导出来的几率函数。因此整个变黑部分将正好是两种情况下变黑部分的总和；换句话说，不应该有干涉图样。但是我们知道，这是不正确的，因为这个实验必定会出现干涉图样。由此可见，说任一光量子如不通过第一个小孔就必定通过第二个小孔，这种说法是有问题的，并且会导致矛盾。这个例子清楚地表明，几率函数的概念不容许描述两个观测之间所发生的事情。任何寻求这样一种描述的企图，都将导致矛盾，这必定意味着"发生"一词仅限于观测。

这确是一个非常奇怪的结果，因为它们似乎表明，观测在事件中起着决定性作用，并且实在因为我们是否关注它而有所不同。

从海森堡的整个介绍中，我们可以看出量子论的建立是相当凑合的，简直是主观上强行决意要拼凑的一样，从他的叙述中就可见一斑。他说："1927年在布鲁塞尔举行的索尔维会议上，这个解释（指哥本哈根解释）接受了严峻的考验，对那些总是导致最坏的佯谬的实验全都再三地在所有细节上作了讨论，特别是爱因斯坦。"（我个人的意见是持相对论的爱因斯坦和量子论科学家之间达成了某种妥协）。

现在，我们就针对量子论的这些现象和逻辑进行分析。电子或者光子即便是按照几率在空间中分布，这种分布就单个粒子来说跟波本身没有联系，波描述的不是粒子个体的行为或状态的。"几率"和"波"如果放在一起，从存在和意识逻辑上就是错误的。第一，几率表现出来的数学形式上的波性，没有任何实验可以说明是某一个特定粒子所表现出来的。第二，在电磁辐射和双缝实验干涉反应中，我们都知道实验所说的粒子，它们首先就是波，实验检验和观测的对象首先是波而不是粒子，电磁辐射的波动方程和光波经过双缝到达黑屏过程中，都是波在作为整个过程的实验观测对象，至于最后到达黑屏引起其他物质化学反应，科学家没有任何证据说明这是光粒子与物质粒子的反应，而不是光波引起物质粒子的反应。第三，电子围绕原子核的物质驻波很难拿出令人信服的实验结果，科学就用电磁辐射来说明，电磁辐射是电子激发出来的，这个没错，但是电子激发出来的辐射还是原先那个围绕原子核的电子吗？我们前面的分析已经指出了电子和电磁波之间的数学逻辑悖论问题。科学在这样一个转换的关键性环节犯了一个致命的错误，将辐射所展现出来的波性特征直接说成是粒子（电子）的，逻辑上是错误的，纯粹是主观上的一厢情愿。第四，导致科学家将光子跟光波、电子跟电磁波混在一起的根本原因在于爱因斯坦的光电效应，这个光电效应确实是成功的有重大实际价值的，但是，根据这个光电效应就说明光有光子、光子将围绕原子核的电子撞击而激发出来，在逻辑上也是错误的，在科学上也是缺乏足够依据的，因为，我们为什么不可以说是光波把电子激发出来的呢？

我们确定电子的存在，但是我们不能说电磁波就是电子或电子的又一种形态，同样道理，我们可以确定光波的存在，但是我们却没有任何依据来确定光子的存在，科学所说的静止光子不存在，却不说静止电子，难道这是偶然吗？

另外，如果把由电子激发所引起的电磁辐射，跟由其他不只是由电子，可能是其他更多种的粒子激发而形成的光和其他宇宙辐射，进行比较时，我们应该可以确定电磁辐射和其他辐射包括光是来源于不同的粒子的，从根本上说存在形式是有区别的，那么，我们为什么将其他辐射和光都归类为电磁辐射？科学在根本上是欠考虑的。我们之所以这样做，是因为几百上千种不同粒子的物质在被激发成电磁波或电磁波形式的辐射后，它们在空间中的速度完全一致，无论是多么强的辐射还是我们日常烧火的光，难道我们的意识逻辑不去思考一下吗？难道这一切都这么巧合吗？如果这个可以任意巧合的话，那么量子论在确立过程中的实验，直接将光子和光波、电子和电磁波混在一起，将波运动和粒子本身混在一起，也是巧合吗？我们应该明白，科学实验当中的巧合很容易因为意识主观的忽视或故意勉强导致，但是，宇宙存在世界的巧合则是应该有根本存在逻辑规律的。

关于空间基本概念的逻辑问题，还有一个需要拿出来探讨的是空间维度。

我从存在内容和意识内容两方面来诠释和理解空间,从存在内容上说,如果空间有一种充满宇宙各个角落的具有统一适用逻辑规律的话,那么,它将展现的是与所有其他存在形式共生共在,使其他存在形式具有我们意识理解的空间意识内容的特性,这种存在形式和能量之间有着密切联系,当然,这种空间基本存在形式或许另有其他某种和能量不同的存在形式或特征,或者更有可能与物质、能量共生共灭,共在共成。

如果有这样的空间基本存在形式,使得所有存在存在于其中,并具有空间性存在内容,那么,就可以说,最根本的最普遍存在的存在形式就是这种空间基本存在形式,或者说,这种空间存在实质上是存在而不是空间,只不过它使其他存在形式存在于其中并具备空间内容特性。由此可见,作为空间概念本身,从存在意义说,只能指向一切存在形式所存在的那个广延和范围,那么空间只要具备体积就足够了,体积概念所代指的空间距离、空间范围、空间位置,完全符合一切存在均存在于空间之中这一基本要求,而无需求助于其他特征,所以从这个意义上说,空间就是科学和数学上所称的三维空间。

所谓维度,就是相互独立又可以结合在一起运用的参数,任何事物的维度都是我们意识给予各项指标、特征参数的定义和运用,而对于空间维度而言,我们给它长、宽、高三个方向概念内容上的参数,就完全适应作为存在的广延范围的要求。

但是,作为意识内容的空间,即所有存在所展现给我们存在于空间广延范围内的共在特征,也就是,构成存在的所有空间性内容,仅仅用三维构成的体积来表述和理解显然是远远不够的,因为存在在空间中的共在关系所展现出来的在我们意识上可以理解的内容，远远比这丰富和复杂得多。比如，科学界公认的空间四维，即将时间维度加入到体积三维之后所表达的存在物在空间中的相对运动和变化的内容。

不过，如果我们仔细深究，时间及类似于时间的其他概念所意指的东西，描述的好像不是空间本身，而是存在物所展现出来的空间意识性内容，都是我们意识理解存在的空间性的结果内容。我们可以确定全宇宙让存在存在于其中所具有的广延和范围，否则何以存在？但，我们却很难确定时间对存在于其中意味着什么，时间更多的是我们意识在比较存在的运动和变化的结果内容，它似乎更确切地有把握的只是存在及存在的空间性特征所延伸出来的一种综合比较之后的意识结果，也是我们意识借以认知和理解存在的运动和变化的意识工具和尺度，时间实质上是作为意识意义上的空间概念内容的一种附属和延伸内容，如果连时间都只能算作这样的理解，那么，科学界所加入空间三维之上的其他所有维度，就更是一种意识层面的活动了。

当然，我们不否认，从意识能动性方面，在我们主动加入了一些带有某种程度的普遍适用性的逻辑内容，所能带给我们认识那些更为复杂的存在形式和存在现象时的便利，科学的多维空间的认识方法，确实在有的时候是好用的，但多维空间的认识方法，只是一个认识方法，它本身不能代表作为存在意义的空间就是多维的。

许多作为意识内容的由存在的空间性所延伸出来的概念，都分别代表着某些存在逻辑内容，这些逻辑内容经由概念形式被用来理解空间，即理解存在的空间性内容，或者说理解作为意识的空间，是非常有意义的，其本身就是在丰富我们关于存在逻辑的内容，但是逻辑的局域性问题、逻辑的一律性适用问题，我们必须给予足够的认识，类似于时间概念这些逻辑内容，我们尚不能确定它们在全空域无一例外地适用，或者在更小的空间范围之内，或者在更大的空间范围之内，或者在某些诸如量子纠缠特性的无时间性的共在关联关系中，或者在极小和极大的空域比较中，类似于时间的这些逻辑规律是不是真的遵守。

十
旋转与惯性

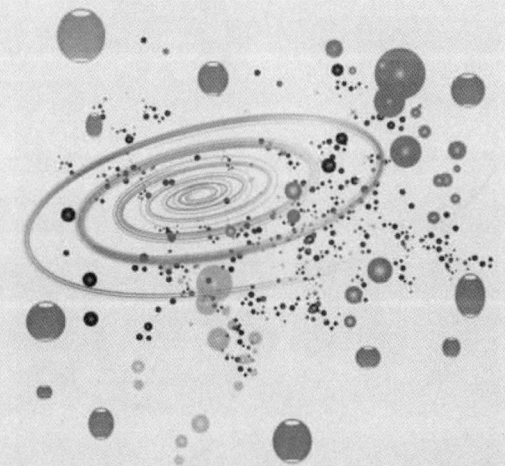

人类关于空间的理解如此至关重要，各种自然科学理论都必须建立在空间概念基础之上，然而，以牛顿力学为代表的经典物理和以量子论、相对论为代表的现代物理学，它们所赖以建立的空间概念及其内容，不仅出入较大，甚至还出现了矛盾冲突，特别是相对论，它从经典物理的空间概念出发，所得出的作为理论结论的空间概念却与之全然不同，逻辑明显不自洽。另外，基于空间和时间概念之上的因果律，即存在物在空间和时间意义上的连续性、接续性以及关联性，在量子论中也不再适用了。

科学的发展在面对哲学长期思索和困扰的空间概念时，同样遇到了难以克服又不能直接跨越和置之不理的难题。

对于这道难题，科学的一贯方法就是通过研究存在物的运动和变化即力来展开，但是，从根本上说科学实际上也承认力不是一种存在物或存在形式，力只是存在物或存在形式的存在现象。科学界普遍认为，人类已经发现并总结出四种自然力，除引力外其余三种力，科学已经将它们统一了，认为从根本机理即存在形式上可以归结为量子的交换。然而，我认为这是非常牵强的，我不认为科学已经统一了那三种力，因为，当我们把这些力和功、热、能的概念放在一起理解时，如果再注意到微观、自然观和宏观的所有存在物的空间相对性及独占性的存在特征，三种力的统一实质上只在众多存在逻辑和存在内容上，拥有很小一部分的相似而已，更何况，核力的量子证据还不是那么充分，引力子也没有找到。

然而，现实似乎都在说明，基于不同的甚至是矛盾的关于空间概念理解的科学理论，对于人类认识宇宙存在世界来说，尽管并不全面真实，有时却有其好用之处。难道真的像海森堡在讨论笛卡尔和康德的哲学之后所得出的结论那样吗？"在过去通过世界和我们自身的相互作用所形成的任何词和概念，在它们的含义方面，都不是真正严格的规定了的。"

我想，我们肯定会长期面对这样的局面和困扰，但是我们一定会长期追求认识上的完美性的，因为，我们确信世界是存在的，世界的存在是确定的、有因果关联的，是可以认知的。

那么，现在就有一个首要问题摆在我们面前，是要基于科学理论的现有结果来给空间概念一个不是真正严格的规定了的理解呢，还是要另谋出路，重新审视我们所有的关于空间概念的根本认识？当然，如果是后者，我们也一定要注重科学现有的成果和理解。显然，追求认识上的完美性还是会让我们选择后者的，那么，我们又应该从哪里开始呢？

在前面的部分中，我们实际上已经开始了这种尝试与努力，总的来说，我们是从存在物的共在关系即所展现出来的空间内容上进行逐步理解的，从根本上去理解存在物何以在跟以何在的问题，这样做方便将本体论和认识论结合起来思考全面的存在论，将逻辑分为存在逻辑与意识逻辑，并共同展现为关于同一个空间概念内容的理解。

数及数学、关联及关联学，其实就是在关于空间概念这样理解中部分开展的，存在物的相对独立性、共在的数量关系，以及相互之间除数量关系之外的关联关系，经过这种分析，我们了解了作为存在物的共在关系内容的空间概念，具有空间意义上的相对独占性、独立性，也具有这种相对独立基础上的数量关系，即数量级别上共在特征与相应变化，继而，注意到其他非数量关联的关联问题。

我们另谋出路重新审视关于空间概念的努力尝试，是从存在物所展现出来的共在关系上开始的，空间作为存在，如果有某种基本的统一的无死角的存在形式，那么，它就是一种最为基本的存在形式，这样，我们就可以将其从空间概念中分离出来，比如，以太或者反物质、暗物质等概念所代表的那部分的存在，如果真有这样的存在，必然会继续丰富我们关于空间的理解，而不会将其完全等同于空间概念的全部含义。宇宙空间作为一种总存在跟存在的总和，将一切存在包含其中，然后，我们再将其理解为各种存在形式和存在物的共在关系，因为，人类的感官意识对于它们的所有掌握、认识和确定，都是通过这种共在互动来完成的，否则我们的意识无从把握和确定，在此基础之上，我们继续深入理解各种存在的共在关联关系所给予我们意识层面的空间印象。

在思考空间的基本存在形式之外，我们也只能将空间理解为其中的存在物、存在形式的共在关系，通过理解这些共在关系来丰富完善我们关于空间的理解和认识。因此，从这个角度来说，三百多年前的莱布尼茨的观点是可取的，他就是将空间理解为关系和秩序的。

科学从存在物的运动、变化即力的现象来理解和阐述空间，同时，我们已有的空间概念帮助科学家去理解和认识宇宙世界的各种力，寻找各种力的机理与根本动因，我们不能否认科学的这一认识角度和途径的作用与重要性，因为，宇宙世界确实是个不断运动的世界，存在物的共在关系的一个重要特征就是运动性，即所展现给我们意识层面的力的存在现象，而且，由于这个力使得共在关系在空间意识层面发生变化，我们所探求的就是这些变化背后的规律，即普遍遵循的存在逻辑。但是，力本身只是一种存在现象，存在物的运动、变化本身也只是一种存在物的存在现象，存在现象背后的机理与根本动因，才是我们所真正需要了解的更深层的问题。所以，科学的这种方法途径是有一定局限性的，这也就无怪乎各种力的不统一，以及在此基础上关于空间理解的不一致了。

力有多种，多种力无法统一，它们各自所表述的存在物及相互间在空间关系上内容也大不相同，或者说各种自然力的现象给予我们关于空间概念的直观理解或抽象理解，都有很大的差别，在物体的动能力、惯性力、物体相互碰撞力、热力、弱核力及核爆力以及电磁场力、引力当中，动能力、惯性力、物体相互碰撞所展现的存在物的空间内容，是存在物的空间独占性及空间惰性，燃烧的热力、强核力及弱核力所展现存在物的空间内容，则是存在形式的转换所带来的空间变化，而电磁场力和引力则展现存在物的集体场性，以及这种场性对于相关存在物空间位置的影响。如果从存在物的空间可分性与相互间一对一的空间关系角度来说，数学及牛顿力学似乎是好用的，特别是在地球上可观的世界当中，在这个空间当中，静止和运动是分明的，直线和曲线也是可分辨的。但是，如果从存在物的整体角度来分析，并且如果再从微观、自然观和宏观的全空域范围，来研究存在物的空间共在内容，那么，线性数学和牛顿力学显然是不行的，连牛顿的万有引力也都是凭着经验引入一个很新奇的假说，假设了一种发生超距作用的力，并不是用牛顿力学推导出来的，因此，引力的真正机制至今还是未知数。而目前最能表达这种集体存在的空间共在内容的力，就是电磁场力和引力，当我们将地球、太阳系、银河系各自独立地作为一个独立的空间来分析理解时，我们很容易发现数学和牛顿力学在这个可观可感的一个相对独立的空间系中是成立的，但是，对于这个所在的空间系的运动方程以及这个空间系与它之外的其他的更大空间系的共在关联，则没有用武之地。显然，我们更应当从更大的集体的角度来理解空间。

对于从集体存在的角度来理解共在关系的空间概念来说，最接近的概念就是系和场的概念了。系侧重于物体、星球、星系，针对的是那些广延较为明确的可感的存在实体；场侧重于能量形式和力的现象，比如力场、质量场、引力场、电磁场、能量场等，所有这些场，我们的感官不易明辨区分，各种场的成因及运动机制，我们更是无法确定，其中相关的具体存在形式还模糊不清，有点儿像力、热、功、能量的概念一样抽象模糊。为此，我最倾向于用能量场这个概念，因为能量可以将这一切一网打尽，并且代表着可以导致物体、物质空间位置或体积变化的抽象动因，而无论它会有几种存在形式，总之，比起力的存在现象来说，更接近本原一些。

这就是这一部分中我们要研究思考的作为集体存在的共在关系的空间内容，即旋转惯性系与空间能量场的问题。

所有的物体，它所占据的相对独立的空间体积即广延都是有限的，在其之外，一个星球一个星系，甚至更大的星系，一个包含一个，且都处于不断运动当中，那么，作为这个物体的运动来说一定是相对的，相对于不同的参考系物体运动的方向、速度都是各不相同的，但是，有一种运动是绝对的，那就是它自身的旋转，这种旋转包括微观粒子旋转、自然观物体旋转、星球和星系的旋转，所有这些旋转虽然在空间体积和物质数量关系上差别巨大，但是每一个旋转特别是作为一个集体存在物的旋转，都具有运动的绝对性和空间位置的相对独立性。由于旋转，粒子、物体、星球、星系都可以维持其空间意义上的位置确定性、相对独立性以及平衡性与惰性，也由于这种旋转运动的绝对性与空间意义上的诸多特征，才保证了在一个旋转系内可以保持各个物体空间位置的固定不变，这样，在一个旋转系内，匀速直线运动和静止运动才可以相对成立，这种成立的相对性就是参考其所在的某一个特定的旋转系。真正的惯性只属于绝对的运动，那就是旋转，而不是静止或匀速直线运动，所以，我们可以将这种旋转系称为旋转惯性系。

由此可见，作为相对个体的存在物之间空间共在关系，比如体积、位置和速度，都会从属于作为某个整体旋转惯性系空间共在关系的，从而成为它们内容的一部分，用科学的话来表述，就是物体的运动方程一定会归属于复杂的场系运动方程，线性数学实质是非线性数学当中的部分简化。

我们拿太阳系来想象这个问题。卫星绕行星运动、行星绕太阳旋转，而太阳也在一个平面的轨道上快速行进。如果以太阳公转轨道作为参考，我们地球的真实运动线路就像是一个拉长的弹簧一样，并且并不规整，因为地球从位于太阳前进方向的正后方在向着太阳前进方向正前方运动的过程当中，是加速度运动的，而反方向时则是减速度的，或许就是在这个减速度与加速度的相互转换过程当中，地球朝着太阳的方向发生持续性改变，成为地球自转的原因之一。

太阳系中的其他行星，也跟地球一样，行进在不同形状和曲率的弹簧状轨道上，整个看起来，就像几个半径不同和形状各异的弹簧套在一根巨粗的弯曲的钢筋上一样，而且每根弹簧的一半长度是拉直一些的，另一半则是原处画圆一些，彼此交错。因为太阳公转速度远远快过行星公转速度，行星又围绕太阳运转，所有行星公转轨道与太阳公转轨道的夹角都不大，于是，站在太阳系之外观看一段时间，太阳系的行星会各自拥有自己运行的波峰与谷底，就像波一样，各行星的波长不同但整个前行的运动速度又都相同，即等同于太阳公转的速度，而实际上每个行星运动的速度都要在快于和慢于这个速度的加速度和减速度中交替变化。

光和电磁波的运动就是类似于这样的弹簧式旋转运动，它们的波长会出现不同速度却一律相同，当然，电磁波和光的运动，跟旋转星系的运动肯定是不同的。虽然宇宙中的物体和星球有着各种不同的自在与共在方式，但是，旋转和围绕旋转无疑是其中比较典型和普遍的一种，旋转让物体和星球占据了属于自己独占的空间，围绕旋转让相关的物体星球得以持续共在。

如果我们再想象一下，电子围绕原子核运动，还有自由电子、化学键的情况，其中许许多多类似于弹簧状的运动方式，就像许多用于隔离墙的铁丝网一样，当它们放在一起时就构成了彼此之间的结合力了。因为电子的整体速度极快但距离相对又极短，放在一起就是一堆乱七八糟的铁丝网，不容易分开。

总之，旋转是所有存在物都会涉及的，也许普朗克尺度上的粒子旋转是最小级别的，大多数存在物的空间内容都会寄生于旋转惯性系当中，而无论什么情况，只要是可以固定存在物或难以分开的存在物，只要它们旋转起来，对于它的空间存在内容来说，旋转就是它的绝对运动和绝对的惯性，而这种惯性反映的是它的空间位置的惰性和独占性。

根据存在物的空间内容的旋转惯性，我们还可以去类推科学所称的宇宙年龄，假如宇宙真的只有 100 亿年级别的时间，那么，太阳所转的圈数屈指可数，银河系能否旋转一次都无法确定，这样，我们上述分析的旋转状态的存在方式以及星系成碟状旋转分布的观测结果就有问题了。所以，无论时间这个问题最终如何确定，宇宙的百亿年的时间结论，肯定是错误的。

从宇宙整体上考虑，旋转性保证了某个局部空间的确定性与有限性，那么整个宇宙作为存在的有限性来说，也应该是可以确定的。我们目前还无法确定在整个宇宙空间范围内有多少个层级的旋转系，但是就已经了解的来说，我们应该更有信心认为，宇宙中的旋转系层级也一定是有限的，在这个有限的宇宙旋转系之内，位置、方向、距离、速度分属于不同层级的相对独立的旋转星系，而时间则因为不同层级的旋转式空间关联而变得可以统领，那就是相对于地球、太阳、银河系以及更大层级旋转星系的那个关联时间，它或许没有始终，但是却可以用空间概念的其他非时间内容即相对的位置、方向、距离、速度来共同组合确定，以其中的恒星光速和地球自转与公转的速度来参考，表示这个统领我们的时间，而这些速度又参考于其中所涉及各旋转星系的相对位置和距离，尽管这种关联是非线性数学的，但是却可以用逐级归属一个共同的旋转系的空间旋转方式进行空间共在关系的复杂关联，在此之中位置、方向、距离、速度全都是相对的概念，只有时间尺度可以统一所有这些空间内容，而这种统一也就只能是体现在我们的空间意识逻辑的认识层面。

从这个意义上讲，空间作为一种秩序和关系的本质，就更是可以确定的了，因为，它的各个从属内容当中，基本上都是相对的即不是绝对确定的，而时间也只是在意识逻辑层面的某种程度的综合，那么，关于空间的逻辑也是一个意识逻辑，即关于存在的各种共在逻辑关系的总和。

假如我们地球所处的那个级别最大的旋转星系之外还有别的星系，但它们和我们这个旋转星系之间不再以旋转或（共同）归属于旋转来关联，那么，我们现在的时间就无法关联统领它们；假如有这样的平行星系、平行宇宙，只要在它们之内，空间的位置、方向、距离、速度等依然可以相对确定，只要时间可以统领关联它们之内的全部存在关系，它们的空间逻辑依然可以成立，而不论它们是否是以旋转方式进行空间共在关联，也不论这个平行宇宙和我们旋转系宇宙以何种方式关联，只要它们在总体上可以共在关联，那么这个平行宇宙依然还是我们同一个宇宙。

通过分析存在物的旋转特性与空间关系内容，我们进一步了解了空间的各项附属概念的内容实质，方向、位置、距离、速度都是存在物之间相对的空间共在关联内容的一个方面，而时间则是作为这些内容的某个级别上的统一的综合关联，因而我们往往会感觉到作为整体的空间性与作为整体的时间性，不易分隔开来，空间作为一个总的抽象的意识概念逻辑，时间作为空间各项具体内容的某个程度的综合统一关联，其区别仅在于时间略微具体一些，可见，时间就是归属于空间抽象概念的一个主要的综合意识逻辑，时间是表示空间概念的重要附属内容，也是一个空间附属概念。从这个意义上说，空间的三维性与空间的时间性，其实是一回事，只不过是不同的表达而已。

长久以来，在空间的相对性与绝对性问题上的争议，我认为到此应该可以获得一个相对清晰的概念了，在自然可观及宏观世界，旋转系以及旋转系的层级，作为宇宙存在的一个普遍的空间内容，已经确定了空间的位置、方向、距离和速度全都是相对的，相对于不同的旋转系，其结果内容则完全不同，在我们这个可以用旋转系进行归属的宇宙中，时间只是这些具体空间共在关系内容的意识综合关联，而在我们这个可用旋转系归属的宇宙之外，如何关联我们还不得而知，所谓的宇宙有个中心，并据此来确定一个总旋转宇宙，只能停留于猜想之中。当空间只是作为某种存在的关系或秩序时，空间只能是相对的而且本质上就是我们意识逻辑关于存在逻辑即存在的共在关系的一种综合抽象的理解与反映。

我们说科学的关键在于正确理解空间与时间，经过这么多的分析，现在我们又可以说，想要正确理解空间与时间，必须依赖于万事万物的存在关系，即它们的共在关系与秩序所展现给我们意识的空间性内容，一句话，正确理解空间必须借助于存在的关联性。

所有物体处于运动之中，宇宙之中的天体、物质的旋转特性是普遍存在的，空间的位置、方向、距离、速度等概念全都是相对的，这些空间内容的相对性保证了运动的绝对性，在运动的绝对性大背景下，引力现象的普遍存在是毋庸置疑的，那么，只要运动的绝对性与引力存在，天体、物质的旋转普遍性就是自然的结果，否则相互碰撞和结成一体的结果就是必然的，在无限时间条件下存在物的空间相对独立性就无法形成，数与数量关系也就无法存在。

如此一来，我们可以设想旋转的绝对性了，一个天体无论以什么方式运动，当它与其他天体特别是大的天体相遇时，引力如果不是将它们融为一体，就是将它们环绕旋转。由此类推，如果将数量无限之多的天体放在一个大宇宙中去考虑，如果不让所有的天体结为一体，如果让存在物的空间相对独立性和数量关系依然成立，旋转与归属旋转就必然是普遍的状况了，而如果旋转与归属旋转是必然的结果状况，那么现在科学所定义的惯性即静止和匀速直线运动，从根本上说就是有问题的。

匀速直线运动和静止，被牛顿力学定义为惯性，现在，我们需要全面正确理解它，在月球上，相对于月球的匀速直线和静止如果成立，站在地球的角度去认定就是变速曲线和旋转的，同样，地球上的惯性相对于太阳来说也不是惯性。由此，我们可以确定，一个物体相对于某个旋转系或引力场存在绝对的惯性，但是越过这个旋转系和引力场，相对于更小或更大的旋转系或引力场，这个物体的惯性便不存在了。那么，我们就可以说，由于引力与旋转在宇宙中是普遍的，而惯性又只能相对于其中一个旋转系和引力场才可以被确定下来，那么，从普遍的意义上说惯性实际上就确定无法成立。

惯性和引力的这种关联就是如此密不可分，也难怪科学家用实验与经验测得的惯性质量与引力质量之间的正比关系。月球是附属于地球来和太阳进行引力关联的，月球的惯性从地球和太阳的角度看是失效的，反过来也是这样。

也许很多人对此不以为然，认为说明不了什么问题。但是如果我们将熟知的惯性、力和能量再进行关联时，问题就出来了。我们知道改变物体的惯性需要力和能量，而保持惯性是天然的应该的，无需能量，那么好，在一个旋转系与引力场之内，改变这个惯性所需要的能量，如果站在更大或更小一级别的旋转系或天体引力场的角度来看，还需要能量吗？恐怕就不一定了，或者说，相对于更高一级的旋转星体或天体引力场来说，原本保持的惯性不需要能量，现在不是惯性了，而是变速曲线运动了，能量还需要吗？回答这样的问题，我们是否会感到惊讶？惯性确实是相对的，难道能量也是相对的吗？

我不止一次地质疑能量的概念，觉得越抽象的越不具有可靠性和确定性，作为我们抽象而来的能量究竟是一种什么存在呢？科学的理解是如此确定它的存在，从哲学上说，我现在更有理由怀疑了。能量就是作为现有的概念理解来说也是相对的，因为基于不同层级的旋转系与引力场来说，物体的惯性和运动变化以及它们与能量的关联，我们已经完全可以确定出它们的相对性来。存在物的空间性内容包括位置、方向、距离、速度全都是相对而言的，全都是相对性的概念，不是绝对的，那么，惯性也是相对的，能量就一定是相对的。

也正是由于这么多的相对性，包括旋转系和引力场的相对独占性与层级性，才构成了存在物在空间意义上的相对独立性，数学及数量关系以及时间的综合关联性，才得以在我们意识中建立。

从空间的意义上诠释和理解能量的相对性，绝不仅仅限于我们关于惯性的理解，当两个物体以相同的方向和速度行驶时，即使它们紧挨着，也感觉不到力和能量，一旦方向和速度改变导致它们相撞，力和能量就会显现出来。天体星球不停地旋转运动，所做的曲线变速运动所表现出来的能量，与我们理解的简单的惯性运动的能量，如果没有相撞或方向与速度的改变，物体运动的能量的变化与不同是无法区别的。能量所表达的都只是物体和物质的运动意义，其本质就只能是物质的动量，而这个动量只能相对于物体和物质直接归属的旋转系和引力场而言了。

物体和物质的运动和动量都是相对于空间旋转系和引力场的，同样道理，作为本质上属于物质动量属性的能量，也只能是相对的，能量的相对性是确定无疑的，那么，科学界一律将能量视为一种确定的具体的存在形式，就应该是错误的。能量不能和物质并驾齐驱，它必须归属于物质才能够从意识概念上确立，它作为一种抽象的物质动量的内容，在空间意义上是相对的，它会随着物体、物质的空间内容如方向、位置、速度等的稍微变化而不同，但是物体、物质不会随着自己的空间内容如方向、位置、速度等的变化而随时变化，那么，从空间逻辑上说，物质是绝对的，能量则是相对的，能量必须归属于物质才可以显现和确定。

假如这个理解是正确的可取的，那么太阳不停地发光释放能量，但其质量却没有损失，其引力也没有减小，就变得好理解多了，引力无需损耗能量就是可以理解的，还有，作为物体所含物质多少的质量概念，跟作为物体相对于某个参照系运动的动量本质的能量概念，就都是物体、物质的属性内容，而且是完全不同的两种属性内容，相互之间的转换就是不可能的，因为物体、物质的运动的些微变化都会引起能量的相对变化，但这个物体、物质中所含物质的数量不可能老是在变化，这一点我们是绝对可以确定的。

假如真是这样，能量就不是一种确定存在的东西了，它只能是物质的一种存在现象或显现形式，那么，物质中也就没有能量。

十一
波、以太、场势能

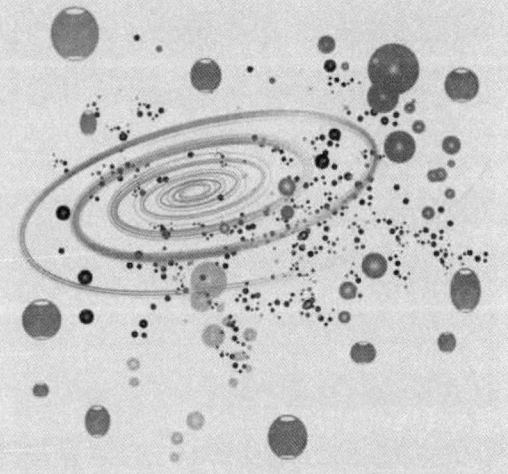

基于科学的解释所带给我们的自然的或者惯常的理解与认识，从根本上说确实需要重新审视。如果以空间性内容来认识和理解，一个物体相对静止时，给它施加能量，让它相对运动起来，我们不知道，这个被施加的能量在哪里，能量具有什么样的空间性内容，从而可以被我们意识以空间意识逻辑予以理解。就是说，如果将能量视为一种存在形式，我们不知道物体运动起来时所获得的能量在物体什么地方以什么形式存在着。按照科学的现有解释，能量是另一种物质形式，它转化为物体的动能，那么能量和物质的区别又是什么？量子论所说的物质中的那几种"量子"，实在解释不了能量这种物质转化为物体动能的问题。

能量概念是我们人创设的，这是必须承认的，在能量概念创设之前，确信能量是种可以确定的东西的科学家绝对是少数，现在能量概念已经创设了，所有科学家都会认为它是绝对存在的。那么，这个事实过程本身，就已经说明一个问题，我们的认识多么依赖作为意识成果的概念，但是，实际上，概念所要说明的内容和对象以及对象的本质，却是个存在本身的问题，即存在逻辑，它不见得就是我们意识理解的内容，概念在被我们意识创建之后再被运用的时候，或许已经滥用了。现在可以确定，我本人原先认为能量场以及空间由能量撑起的理解，是错误的，能量是物质在空间意义上的一种属性内容，能量在空间逻辑层面肯定是相对的，或许，能量需要从物质和空间以太（或称反物质）的共在反应的现象上，去做具体的解释和理解了。

所有物体都在运动当中，绝对的静止是不存在的，那么，物体从相对静止变成相对运动的过程中，我们所说的那个能量究竟是什么呢？它究竟存在于物体的什么地方？如果说不清楚，就无法确定它的存在，因为，物体的静止和相对运动这两种不同的存在状态，本身不是绝对的而是相对的，相对于物体的空间内容的，是必须要有一个参照物的，参照一个物质系是相对运动的，那么参照另一个可能就是静止不动的，很显然，相对于两个不同的参照系，能量的有无是截然不同的。这是一个不能回避的问题！

能量作为抽象出来的概念，它的本质我们只能理解为物质的动量，而这种动量则属于物质在空间意义上的一种属性内容，物体、物质空间内容发生变化了，这个能量的属性内容就会发生变化，因此，它不是绝对的只能是相对的。

按照前面我们分析的存在和"在场"的相互确定共在的方式来认定存在的空间性来说，作为存在或存在形式必须有个除其自身之外的那个"在场"空间，只有占据该"在场"空间一定的位置和体积的，才可以被确定为一种存在或存在形式，否则，很可能像时间、质量、数量等概念那样，只能属于我们意识关于存在的某种空间性内容，虽然这些概念内容也是关于存在物的某种反映与认识，但其本身并不是一种存在或存在的形式，更多的时候则可能是在表述一种存在现象或存在的空间内容。就像力和运动一样，它们只是一种物体、物质的存在现象，力本身并不是一种存在或存在的形式，热和功同样也只是物质的某种存在内容，其本身也不是一种存在或存在形式。

现实情况已经明白无误地在说，科学及科学的认识已经受到了我们概念的严重限制和约束了。概念及概念逻辑问题是一个必须予以重视的根本性问题。因此，我们在重新审视这些科学基本概念问题的时候，必须突破这些概念在思维习惯上带给我们的限制和约束，运用空间与逻辑思维去认识它们的本质内容以及相互之间的逻辑关系。

通过分析旋转和惯性的存在逻辑，我们获得了这么多的根本性认识，从中发现了科学在理解能量和质量概念上的诸多逻辑不自洽问题。现在我们用同样的方式，来分析一下无线电波及光波的问题，在发射点和接收点之间，一个点可以和无数个点以光辐射或者电磁信号波的方式同时关联，如果按照科学的理解即量子论的波粒二象性来说，无数个光子或电子在空间中像子弹那样乱飞乱撞，居然不影响我们眼睛清楚地观察，这种现象在数学逻辑上是存在逻辑悖论的，量子论的所谓的"互补性解释"在空间逻辑上是不能成立的。

回过来我们再仔细看看我们思考的方式或问题是否存在某种错误？如果我们的结论是因为我们分析的错误导致的，那么我们就不能认定科学以及人类现有的认识和理解存在逻辑错误或逻辑悖论。存在世界的逻辑和人类的意识逻辑，以及作为存在物共在"在场"的空间，存在的内容表现为空间内容，存在一定是空间中的存在，存在的逻辑就是空间内容的逻辑，作为认识存在内容的意识结果，概念就是关于存在的所有内容在意识上的确定形式，概念本身如何形成以及概念所要表达的对象内容，等等。我们完全可以确信所有这些分析方式和路径，没有任何问题！而且，从中，我们还可以发现海德格尔、萨特和黑格尔他们为什么在思考存在问题时没有什么实质性突破的原因，因为，他们没有找到这条精准的思考路径。

在写作本书的过程中，因为找寻关于科学基本理论与逻辑问题的资料，我发现了徐建设先生的《重写物理》这本书，看完之后，我觉得徐先生在介绍科学基本理论和解释这些理论的逻辑错误上，写得非常到位而且非常专业，为此，我设法跟他取得了联系。前天，也就是2017年3月31日，我特地去郑州拜访了徐建设先生。这是我们首次会面，当然也是相当程度的知音会面，我们总共愉快地交流了近十来个小时。在这个物欲横流和科学权威不容置疑的时代，两个疯傻之人的交流内容是另类的，也是崇高的，我们都深感幸运和欣慰。

徐建设先生在他的《重写物理》一书中，比较了经典物理、量子论和相对论许多理论的时空概念，发现了经典物理和现代物理的诸多逻辑不自洽的问题，从哲学的层面对它们提出了尖锐的质疑或批判，并就此提出了自己关于宇宙规律的许多全新的假设和理解。该书的上半部分我非常赞同，也给了我许多启发性思考，下半部分关于宇宙世界的理解，我有很多不同的意见。

我们的具体交流主要是由我提出问题而展开的，我基于本书从前面到这里的分析和认识，跟他提出能量作为一个概念，应当从哲学认识论角度重新审视，我认为能量是不能确定为一种存在的，能量只能是物质的属性内容或物质存在的现象内容，其本质就是物体、物质的动量，并且从发电机经电线再到终端设备的动，来解释我的看法。但是，徐建设先生认为，能量是绝对的存在。我提醒他，他的书里也认为没有电荷，电线里实际上没有什么物质东西在流动。后来，在我问及他关于电磁场移动和光的问题时，他以反物质与物质对称的理论，也认为没有电子被无线电波发射出去，也没有光子被激发出去，电线中流动的是物质和反物质共在反应的电磁场，无线电波中没有电子，光波中也没有光子，所有的电磁辐射和光，包括我们所看到的一切，全都是物质和反物质共在反应所出现的波的振动传递，只不过频率不同罢了。徐建设的反物质其实就是科学提到的以太。

就这些问题和观点，我们几乎取得了完全的一致意见！我们当时的心情无法形容，因为，我们俩都清楚，我们的一致结论是正确的，而这个正确的观点和结论将意味着什么！

这已经足够了！同时，我清楚，我不能要求一位熟悉科学的人能够把哲学熟悉到位，特别是哲学的认识论以及将认识论与本体论正确结合后的存在论。

现在我更加有信心确定：物质是绝对的，质量是关于物质的数量，质量和能量是完全不同的两回事，能量不是绝对的，能量是相对的，能量的本质就是物质的动量，物质中是没有能量的，能量其实就是物质和以太的共在反应的表象。

我的这个结论是通过空间与逻辑的思维路径和方式获得的，我用空间与逻辑的方法去审视概念的特点和本质时，已经发现了概念和空间及逻辑之间的关联，也发现了我们的知识对于概念的依赖，以及概念对我们习惯性思维的限制与约束作用。

这又让我想起科学界关于物质的那个理解，认为物质只不过是能量的某种振动，其实，动是存在物在空间中的无一例外的本质特征，动所体现的就是能量的特征，动就是能，只不过从空间的相对独立性以及包容和被包容的角度来说，即从我以前所认为的空间能量场来说，有激发的动能和被束缚态的动能，即弥散的排斥力和聚集的吸引力,如果从空间几何学的意义上说,动能可以归结为空间意义上的势能,当然,这个势能绝不是一个旋转系或引力场所能概括的。

如果动量、动能和势能本身就是一种绝对的存在,那么它们就不会随着物体、物质的空间变化而时刻变化的,就不能和空间诸多概念内容如此紧密相关地一起变化。一个物体放在1米高和1000米高的引力差距是不大的,但是砸在地面的动能差距却非常明显;枪弹射击(在排除空气阻力情况下)在1米远和20米远地方所造成的杀伤力是不相同的。其实,放在不同高度的物体只是空间位置的不同,从放开它时起并没有施加额外的能量,其重量的变化非常之小,但显示的动能和能量的表现结果的相差却非常悬殊,枪弹平射也只是空间距离的不同,动能却出现了明显的差异。这说明什么?说明能量的实质就是物体、物质的动量,这个动量是个空间意义上的量,所以会和物质的空间内容有着密不可分的关联。相比而言,尽管物质、物体的概念也有其抽象性与不确定性,但是,原子、分子和物体它们自身的变化并不像动量和能量这样与空间诸多内容如此紧密相关。

可以肯定,能量的概念将一定会被动量或势能的概念取代的。

现在,当讨论到光波和电磁波问题的时候,动量就可以被另一种全新的解释在逻辑上获得统一和通过了。

如果光子不存在,如果无线电波发射出去的不是电子,那么,光波和电磁波在真空中的运动所体现出来的能量,就只能理解为一种动量了,那么,是什么东西在动呢?显然不能说是波,因为波就是动的状态,波是用来描述动的概念,真空中没有物质,那么就只能是真空本身在动了。

真空以太有频率的振动，是可以瞬时传递的，而且是从激发处向四周传递这种振动。假如这种振动传递确实是瞬时的或趋于瞬时的，那么，以我们现有的空间逻辑理解其方向和路径就是空间四散式的，而这种空间四散式传递振动，对于理解光走直线肯定是有帮助的，就像水波和声波一样，只不过介质不同而已，可见，把光波理解为简单的直线，显然是不全面的。

如果不是这样的话，从一个地方、一丁点儿位置上激发出去的电子或光子如何可以满足那么大的宇宙空间无死角的分布要求呢？作为存在物其数量的有限对接无限的逻辑，只有在这种借助于介质振动的动量传递中才能够获得统一，否则就会出现悖论和严重的逻辑不自洽。

这样一来，就又可以确定能量其实就是物质的动量了，我们称作以太或者反物质的空间基本存在物，只有当它作为物质的另一种相对存在形式时，特别是它作为整个空间无死角的分布存在，势能概念才可予以确定，聚集的吸引力和弥散的排斥力也可以相对出现，整个宇宙的物质结团成形且各自独立以及弥散而广阔地分布，才可以更好地理解。

对于物体、物质的运动的能量或动量来说，我们最为熟知的和比较容易感知理解的形式并不是这种光波和电磁波的振动传递，也不是热所代表的物质分子等粒子的运动形式，而是可观可感的物体在空间中的运动或流动，这种形式的动量不会像波的振动传递那样又快又广，它们只是对与其相邻的空间存在物产生影响和关联。物体、物质这种动量或能量的现象和形式，是作为一个整体的场的形式出现的，比如我们分析过的旋转惯性系及引力场。所有可观可感的物体、物质的运动都是在某个旋转系或引力空间场中进行的，而这个旋转系和空间场本身也在不停地运动和流动当中，同时，各个旋转系和引力空间场之间，又还有一个包含与被包含的隶属关系，而可观可感的物体在空间中的运动或流动，以及所表现出来的动量和能量，就都是寄生于某个旋转系和引力空间场才能被确定下来的。

在每一个旋转系与引力空间场和以太空间之间，物质场就作为一种集体存在物的场跟以太场发生共在反应，而这个反应所体现出来的形式就是引力现象及星体围绕旋转的现象，这种共在反应现象也让我们感觉到了力的现象存在，但是这种力却无法表现为吸引方给被吸引方施加能量，也无法表现为相互的吸引。引力不消耗或不需要能量，并不是因为力的现象与其他力的现象有什么不同，而是因为能量不是一种存在形式，而是物质的动量，这个动量从本质上说是物质在空间中的势能，引力作为一种空间场势能是完全成立的。所以，引力无需科学现在所理解的能量的现象，从另一个角度也说明了能量是相对的，能量从根本上说是物体、物质的空间势能，引力本质上也是物质的能量现象，即一种空间场势能现象。

如果可以确定能量作为物质动量的本质，能量在根本上是物质在空间中的势能内容，那么，太阳发光经过几十亿年引力没有减小，就非常容易理解了。因为恒星发光发热以及散发各种强辐射，只不过是不停地触发以太的振动，并没有什么实实在在物质在散发和损耗，恒星丧失的其在以太空间中的势能，恒星的物质多少即质量并没有损失和减少。这样，确定相对论的质量转换成能量的观点是错误的，就变得简单多了；同样的道理，科学现有的关于黑洞的解释也是错误的，我们可以这样认为，黑洞的物质场已经无法再激发以太场的振动了，所以不仅不发光，连反射光都办不到，另外，物质场和以太场的场势能大小和趋势在宏观层面发生了改变，这些宏观意义的场势能的规律我们目前了解得太少，我们所熟知的太阳系内的引力场势能，只是物质和以太在所有空间中的场势能情况的一种，因此，许多宇宙天文观测现象不符合引力规律，我们无需感到意外，所有这些现象从本质上都可以解释为物质场与以太场的复杂的空间共在反应的场势能内容。

反观现有科学的解释却是自相矛盾、逻辑悖论频出，他们认为恒星释放完能量，恒星会因此丧失众多质量，因此体积变小，质量却又增大，黑洞质量巨大连光子都逃不了，同时，现有的科学又认为，光子没有质量但只是针对静止的光子来说的，运动的光子有质量，但运动中的光子的质量无法测定。可见，这些解释在逻辑上的不自洽太明显了。

另外，如果可以确定能量的本质是物体、物质的动量属性内容，那么，对于光通过、透过玻璃和水等透明物质的现象，我们就可以这样理解，物质的分子、原子之间布满了以太这种空间存在物，光的透过就是这当中的以太的振动传递，而且这种传递没有受到物质分子、原子等粒子的干扰，我们没有必要要求透明的物质当中分子或原子等粒子的排列方式，并且无须要求粒子间的缝隙了，否则，物体反射光如何解释，就又要遇到难题了。

在前面关于量子论的不确定原理和测不准问题的分析时，我们说过波粒二象性问题才是量子论中最为关键和重要的问题。现在，经过分析光波、以太以及场势能的问题，我们已经可以确定波粒二象性是错误的。下面，我们来看看科学界确立波粒二象性的大致过程和情况。

1905年，爱因斯坦推广了普朗克的"能量子假说"提出"光量子假说"，以最简练、明晰的方式解释了1887年赫兹所发现的"光电效应"现象，并给出了光电效应的"爱因斯坦公式"，10年后，该公式在美国实验物理学家密立根的实验中得到了证实。爱因斯坦关于光的这种新的理论，发展了普朗克在热辐射问题上阐明的量子思想，首次揭示了光的两重性，即光既有波动性，又有微粒性，使惠更斯和牛顿彼此对立的光学理论在新的概念、新的高度上得以统一。后来，德布罗意和薛定谔把爱因斯坦的这种观点又推广到电子上，提出电子和光子一样具有波粒二重性，而波粒二重性则是量子力学和量子场论的支柱。由于爱因斯坦在量子论方面的贡献以及对量子力学产生的推动作用，他和玻尔一起被称为量子力学的两个"教父"。

对于量子论的测不准原理和不确定性问题，其实爱因斯坦起先是持反对意见的。在1930年的索尔韦会议上，在爱因斯坦和玻尔之间发生了历史性的冲突，争论终于达到顶点，这个争论被称作是两位巨人的争论。惠勒后来评论说，这是他所知道的知识史上最伟大的争论。

爱因斯坦勇敢地、大胆地、极其雄辩地提出一系列连珠炮似的"想象实验"以推翻量子理论。玻尔则不停地喃喃细语反驳一次又一次的进攻。爱因斯坦抱定决心要打败不确定性。玻尔则总是在哲学的烟雾之外寻找工具摧毁一次又一次的进攻。

最后，爱因斯坦提出了一个实验，他认为会给量子理论致命一击。想象一个含有光子气的盒子。假定盒子有一个快门能够短暂地释放单个的光子。因为我们能够精确地测量快门的速度，也能测量光子的能量，因此能够无限精确地确定光子的状态，从而违背测不准原理。

对当时的情景埃伦费斯特是这样写的："对玻尔来说这是沉重的一击。在当时他找不到解答。整个晚上他非常不愉快，从一个人处走到另一个人处，试图劝说他们相信爱因斯坦的话是不对的，因为如果爱因斯坦是对的话，这就意味着物理学的终结。但是他想不到驳斥的理由。我永远也不能忘记两位对手离开大学俱乐部的样子。爱因斯坦雄赳赳气昂昂地大步走过，面带隐约的轻蔑的笑容，而玻尔小步走在爱因斯坦的旁边，极其灰心丧气。"当后来埃伦费斯特遇到玻尔时，他不说话，只是嘴里一遍又一遍地咕哝"爱因斯坦……爱因斯坦……爱因斯坦"。第二天，经过紧张的不眠之夜，玻尔在与爱因斯坦的争论中找到一个小缺口。在发射光子之后，盒子要稍微轻一点，因为物质和能量是等同的。这意味着在重力作用下盒子会略微升起一点，这是因为根据爱因斯坦自己的能量有重量的重力理论。但是这就在光子的能量中引进了不确定性。如果计算这个重量的不定性和快门速度的不定性，就会发现这个盒子正好符合测不准原理。

就这样，玻尔利用爱因斯坦自己的重力理论驳斥了爱因斯坦！后来爱因斯坦抱怨说："上帝不和我们的世界玩掷骰子游戏。"据传说，玻尔回击道："别拿上帝说事。"

爱因斯坦和玻尔的伟大之争，其实他们用的全都是假设和逻辑，也离不开空间的思维方式和逻辑。

现在，我们已经从空间及逻辑的认识论角度理解了量子论的测不准原理和不确定性问题，也确定了量子论的波粒二象性是错误的，同时还确定了以太的存在，能量也是相对的，能量不是一种存在，它只是物质的动量的属性内容，质量本质就是物质的含量，质量和能量、质量和速度的相互转换是不可能的，那么，对于爱因斯坦的三大功绩来说，就只剩下"光电效应"这一个了。

为什么现代科学会出现如此的错误和逻辑混乱局面呢？因为他们关于空间的理解存在根本问题。为什么空间理解会有问题呢？因为，什么是存在，什么是存在的形式，什么是存在现象，科学根本没有正确地去分辨。为什么没能去正确分辨呢？因为他们没有建立正确的认识论，在存在逻辑与意识逻辑的构建与关联当中，科学没有找到存在和空间的关系，也没有发现存在的空间性和意识的空间性问题，同时也没有确定存在逻辑和意识逻辑的内容就是这些空间性内容，空间与逻辑之间的关系没有弄清楚，空间与逻辑的思维方式和路径没有找到。

十二
哲学与科学的统一

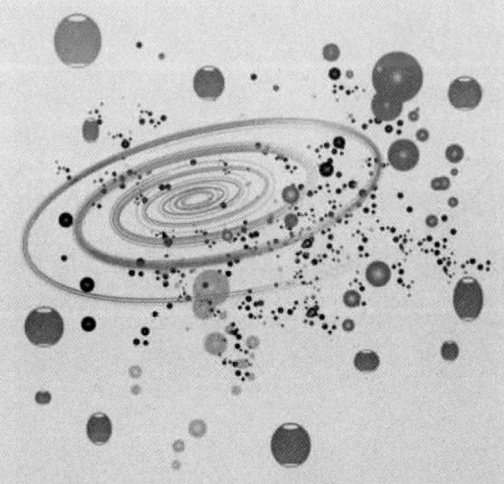

今天是 2017 年 4 月 4 日，昨天完成第十一部分的写作后，我觉得经过这么多的分析研究，怎么也绕不过一个问题，那就是我所说的作为物质和以太的场势能内容之一的引力，同时这又是让全世界所有人至今最困惑难解的事情。为此，我顺手拿起自己从互联网上搜集并装订成册的资料，因为那里有传说是尼古拉·特斯拉的《引力的动态理论》，我想看看他那个由旋转、引力门、引力段、重力场等词语构成的，让我永远一头雾水的关于引力问题的理解。

在这当中有这样一句话，"整个重力场没有时间可言，没有速度可言，时间、空间、质量、速度这些都是错觉。"这句话让我开始有些兴奋起来。

互联网上搜集的资料有许多是重复内容，在介绍引力的动态理论下方，有一个小标题，说特斯拉在他 81 岁生日的时候，也就是 1937 年 6 月 10 日的时候，准备了一份公开发表的声明，说是批评爱因斯坦的相对论的。但是介绍这个声明的内容只有很简短的两段话：

"如果物体对其周围的空间产生作用使其弯曲，那么同样的，我自然而然地想到这个扭曲的空间也会反作用于这个物体，并且产生的效果相反，它将拉直这种弯曲，因为作用与反作用是同时存在的，结论就是空间扭曲的设想根本不可能。但就算是真的，也解释不了所观察到的物体的运动。只有引力场的存在才能解释它们并且不需要做空间扭曲的假设。所有关于这一命题以及那些没有意识到以太的存在，没有意识到以太不可或缺作用的有关于宇宙的尝试解释都是无用的。"

"我第二个发现是一个有关物理的非常重要的真理。关于它的资料，我在长时间搜寻了超过半打语言的科学文献后仍然没有找到蛛丝马迹，所以我认为我可以算作是第一个发现者，这个真理可以表述为：物质本身是不具有能量的，而只能从环境中得到能量。"

没有意识到以太的存在……都是无用的！物质本身是不具有能量的，而只能从环境中得到能量！

顿时，我木然惊愕了。这不跟我费尽周折所获得的哲学结论基本一样吗?!

于是，我赶紧上网搜索这个声明的全文，看过之后，我整夜没有睡好，我和公众一样，知道尼古拉·特斯拉这个名字和他的成就，也就是这几年的事，远远不及爱因斯坦等人的名字那样如雷贯耳，我一两年前买了四本有关他的书，大都是传记性质的，他的技术我一窍不通，他的伟大和神奇已经让我叹服，但是，他的这个81岁时的生日声明，我是这样偶然才知道的。

现在，我对这位伟大的科学家与旷世奇才的景仰之情无以言表，而且，针对他的这个几乎是留给我们这个世界的最后的公开声明，我正在跨越八十年的时空，跟他进行真正意义上的精神交流了。

预先声明—尼古拉-特斯拉

完成于1937年81岁生日前夕

1889年末,在匹兹堡乔治西屋工作了一年后,虽然乔治给我一个极具诱惑力的条件让我留下来,但是我却是那么地渴望重新开始我原来中断的研究,我要去纽约的实验室继续我的工作。但是好几个国外的科学研究机构又让我盛情难却,于是在这之前我又去了一趟欧洲,在伦敦的电气工程师协会和皇家学院以及巴黎的Societe de Physique做了演讲。最后又回了一下南斯拉夫的家乡,在1892年我才回到美国,迫不及待地开始了自己期待已久的课题:关于宇宙的研究。

在随后两年,我全力投入了研究,很幸运,我有了两个意义重大的发现。第一个就是引力的动态理论,我已经把它所有的细节都弄清楚了,希望能很快地将之公之于世。这一理论圆满地解释了引力产生的原因以及天体在引力作用下的运动,它将终结所有胡乱的猜测,包括空间弯曲。根据相对论学者的阐述,由于天体的存在将引起空间的扭曲。但是将一个简单的事实加之于这一奇妙的理论(相对论),就可以知道它仍然是自相矛盾的。每一个动作都伴随着一个与之等价作用,后者与前者刚好相反(可以理解为作用力与反作用力)。设想一下,如果物体对其周围的空间产生作用使其弯曲,那么同样的,我自然而然地想到这个扭曲的空间也会反作用于这个物体,并且产生的效果相反,它将拉直这种弯曲,因为作用与反作用是同时存在的,结论就是空间扭曲的设想根本不可能。但就算是真的,也解释不了所观察到的物体的运动。只有引力场的存在才能解释它们并且不需要做空间扭曲的假设。所有关于这一命题以及那些没有意识到以太的存在，没有意识到以太不可或缺作用的有关于宇宙的尝试解释都是无用的。

我第二个发现是一个有关物理的非常重要的真理。关于它的资料，我在长时间搜寻了超过半打语言的科学文献后仍然没有找到任何蛛丝马迹，所以我认为我可以算作是第一个发现者，这个真理可以表述为：物质本身是不具有能量的，而只能从环境中得到能量。在我79岁生日的时候，简短地提过一次，但是到现在，这一真理的表述和意义对我来说更加的明朗了。我把它运用在分子、原子和最大的物体以及以任意形态存在于宇宙中的物质，结论是：它的基本构架已经形成。

物质的能量来源于环境很完美地解释了为什么我在1896年的地外搜寻研究时，一开始就发现了辐射现象。辐射的存在是外部射线存在的有力证据。我以前大量地研究过陆地扰动对无线电路的影响，却没有发现从地球本身发射出来的（射线）能产生这样稳定的影响，这迫使我得出这样的结论：激发射线是来至于宇宙（外太空）。这一事实发表在1897年的论文'伦琴射线和辐射对纽约电气的影响'。然而，由于辐射现象在同样广泛的世界各地被发现，很显然，地球上的宇宙射线来自各个方向。现在，在宇宙中所有的物体中，太阳最可能提供它们的起源和性质的线索。在电子理论发展之前，我已经发现了放射线是由不可再分解的原质粒子构成的，首要问题是太阳是否有足够的势能来产生这种显著的效应。在更长时间的研究中，我最终发现太阳的势能是2160亿伏特，所有像这样大这样炙热的天体都会放出宇宙射线。在进一步对太阳和新星的研究中，更加有力地证明了不承认这一结论就像不承认太阳的光和热一样。不过尽管如此,仍然有很多怀疑者更倾向于把宇宙射线当作一个高深的谜团。我相信在我们的即使在超出我们认知的其他地方,也在发生同样的过程。

几句话就足以说明问题。物体的动能和势能是其运动的结果并由其质量和速度的平方决定。如果减小质量,则能量以相同的比例减小。如果质量减小至零,则无论其速度几何,能量同样为零。换句话说,质量转换成能量是绝对不可能的。但如果有某种作用力可以赋予一个物质以无穷大的速度,那这是与前面说的不同的。在这种情况下,零质量的物体伴随着无穷大速度的平方可以表示无穷大的能量。然而我们知道根本没有这样的力存在,所以物质可以转换成能量的说法可以说是无稽之谈。

在地球低海拔的地方射线的来源和性质已经被充分证实了,但是26年以来在高海拔所谓的宇宙射线现在还是个谜,主要是因为它们随海拔的增加迅速加强。我的研究带来了令人吃惊的结果,高海拔地区的这种效应表现出了完全不一样的性质,与宇宙射线没任何关系。这是一些从超高温度,拥有巨大势能的天体上辐射出来的物质粒子。从另一方面来说,在高海拔地区的这种效应是由于太阳大气某一区域产生的极小波长的波。这一发现是我想让大家都知道的。这种波产生的过程如下:太阳发射出的带电颗粒,在穿过地球表层 $10km$ 里左右的大气电导层时,会形成电流。这确实是一种能量传输,就像我在我的实验里说明的一样,电线的一头连接高电压的发电机,另一头是自由端(特斯拉的无线电传输专利中有讲到)。而在现在的情况中,太阳就相当于发电机,电导层相当于电线。太阳电流的通过是粒子与粒子之间以光速进行电荷转移的结果,这样就导致了具有短波长、强穿透力的波。既然上面提及的大气层是波的来源,那么当海拔升高时是在不断接近这一源头,则宇宙射线就会增强。我的研究和计算带来了以下的事实:(1)所谓的宇宙射线在大气的最外层是最强的;(2)在离地面20km(电导层起始的高度)以内,射线的强度随海拔增加得越来越快;(3)从20km开始,强度又将随高度升高下降得越来越快,直到大约30km;(4)高势能一定是出现在地面线的自由端,也就是背离太阳的一面。后者的电流将提供一个2160亿的电压,而在地球的光照面和阴影面还存在一个20亿电压的电势差。如此巨大的电流很容易就能解释极光现象以及在地球表面观测到的大气中的其他现象。

目前,我必须先弄明白这些明显的事实,但是在适当的时候,我希望能多少给出这一发现所有细节准确的技术数据。

关于另一个课题,在这一年里我花了很多时间,目的是要完善一个新的很小巧的装置,这一装置把大量的能量射向任意距离的星际空间,而不产生一点发散角,我想与我的朋友 George E. Hale 讨论一下这项发明与他的研究结合的可能性,他是一位伟大的天文学家和太阳专家。与此同时,我准备向法国学会提出这一装置的详尽说明,还将附上数据和计算,要求他们对我的与其他地外文明通信的发明授予10万法郎的皮埃尔·古兹曼奖,我肯定他们必须授予我这一奖项。当然,钱是小事,重要的是第一次实现这一奇迹(地外通讯)的历史性荣誉,这让我愿意穷尽我一生的精力。

从实际角度来看,我最重要的发明是一种电子管以及操作它的装置。在 1896 年，我制成了一种高压无靶电子管，从 1896 到 1898 年，我成功地把运行电压升高到了 400 万伏。这个仪器用到了许多模拟器件，只要对它稍加修改就可以另作他用，即使到现在，几乎所有的科研机构，包括其他国家的，都在使用它，并且实际上所有关于原子的研究也在用它。而在最近，我有成功制造出高达 1800 万伏的电压，此后我遇到了难以克服的困难，这使我感到有必要再发明一种完全不一样的电子管来完成我以前的某些想法。

这项任务比我想象中要困难得多，而且操作起来比制造更加困难。虽然有一些稳固的进步，但这么多年来还是困难重重。不过终于，我还是成功了，我造出了一种新的电子管，而且很难再改进了。原理超级简单，很耐磨而且可以在任意高的电压下运行。它能携带很强的电流，在适用范围内可以变换任意大小的能量，同时易于操作和调节。我期待在这一发明公之于世时，可以取代其他电子管而广泛地被接受，它将带来我们以前没有想到过的结果。除此之外，有了这种电子管，就可以大量地制造廉价的镭的替代品，而且总的来说，在原子对撞和物质转变方面的应用会有非常好的效果。我对它在对撞的应用是充满希望的，使用这种电子管，原子的对撞可能就不会发生失误，次次都能撞准。然而，这种电子管并不会开启研究如何利用原子能或者亚原子能大门。根据物理真理，我发现在原子的结构中没有可用的能量，即使有，那输入量也总是会远远超出输出量，阻碍了释放能量的实际的、有效的利用。

有些报道说我承诺过现在这个时候给出这种电子管的详细说明以及附件。这让我有点苦恼，因为我承担着一些保密的义务，有关的应用有着重要的目的。我现在不能和盘托出，但很快，一旦我卸去了保密的责任，那所有的技术细节全部可以告知科研院。

这里我还有一个发现要宣布，是一种新的方法和装置，可以获取比现有技术高许多倍的真空。我想可以达到十亿分之一微米的水银高度。有了这种真空管，别的事情就好办了。很显然，它们会大大加强电子管内的一些效应。我关于电子的一些想法和那些被普遍接受的想法是不一样的，我认为应该是这样的，相对较大的颗粒携带有表面电荷而不是一个单位电荷。一旦这个电子离开了具极高势能和极高真空度的电极，它所携带的静电电荷将远大于正常情况下的量。这可能会让那些认为粒子在空气和真空中带有相同电量的人感到惊讶。我做了一个美丽并且很有启发性的实验，结果表明，当带电粒子从真空中飞入空气中时会产生火星，这正是由于过量电荷溢出造成的。粒子中存储的大量电荷可以解释某些电子管在工作中快速老化等一些问题。

尼古拉·特斯拉

尼古拉·特斯拉这个生日声明的内容还真不少，很多内容我是真心看不懂，但是这三个结论性观点却是最重要的：

1. 物质本身是不具有能量的，而只能从环境中得到能量；
2. 没有意识到以太的存在……都是无用的；
3. 质量转换成能量是绝对不可能的……物质可以转换成能量的说法可以说是无稽之谈。

如果能够确定这三个结论是正确的，那将意味着以相对论和量子论为代表的现代物理学在最基础的问题上全都是错误的！

对于尼古拉·特斯拉这个生日声明，当时所有科学家都认为，这是这位不久于人世的科学家的最后的最为疯狂的声明，大家对此的态度几乎是一致的抵制和嘲笑。

特斯拉提出了爱因斯坦相对论的错误，这并没有什么奇怪的，因为，反对爱因斯坦两个相对论、质速转换公式、质能转换公式以及弯曲时空的人，在科学界从一开始就有，现在似乎越来越多。但是，在根本上确定物质中没有能量，物质和质量转换成能量是绝对不可能的，能量只能在真空中汲取的结论，同时又能给出真空中有以太的存在，能够做到这样的人，这个世界上至今还没有其他人。

可以说，现在，我给了尼古拉·特斯拉一个哲学之解！

在这三个结论的问题上，我可以说是第一个了解尼古拉·特斯拉的人，尽管时空已经跨越了整整80年。此时，我觉得自己是幸福的人，我感到无比兴奋，因为，这是人类智慧的交换和碰撞，同时，我仿佛看到了一位孤寂的瘦高老人，看到他不领诺贝尔奖时的高高在上的形象，以及撕毁交流电专利证书那一幕时的伟大之举……而现在的全人类，时刻都在享用的几乎所有的便利，都跟这个伟大发明和伟大之举相关。

对于那个网上所传的说是尼古拉·特斯拉的引力的动态理论，都是些由片段文字构成的不是很完整的东西，我真的理解不了。经过前面的分析，我认为宇宙星球、物体的旋转和引力肯定相关，但究竟是因为引力的原因导致旋转，还是因为旋转产生引力，尚需详细研究分析，另外，我在根本的问题上应该说比尼古拉·特斯拉更进一步了，我认为能量不是一种存在形式，或者说能量根本就不存在，它本质上只不过是物质的一种属性，是物质和以太在空间中的共在反应的显现。

现在，我们更有信心将空间仅仅当作是存在物的关系和秩序了，莱布尼茨300多年前这一定义是可取的，那个布满整个宇宙空间的基本存在物，即特斯拉所说的以太，或者徐建设所说的反物质，应当被看作是另一种存在物质，而且是宇宙中最基本的存在物。这样，能量作为物质的动量和空间势能的本质或形式内容，就可以被认为是物质和以太在空间中的共在反应的显现，这个反应的内容就是由几何势量与数学动量组合而成的，而且，物质和以太在空间中共在的势能与动能还可以相互转化，或者说是作为一个空间共在关系的两种不同的理解。

空间当中如果没有以太，许许多多的存在现象无法获得空间逻辑上的统一，可以说，整个科学界这一百年来最重大的失误就是普遍放弃以太的存在，以及物质和以太在空间中相互共在的关联，我们还可以确定，经典物理、量子论和相对论在它们所赖以建立的时空概念基础上的相互矛盾，以及量子论和相对论的逻辑悖论很多都是由此导致的。当然，我们不是将原有的矛盾和问题全都交给以太来解决，准确地说，应该是交给以太和物质的共在关系与反应了，其显现的就是能量概念所概述的各种存在现象。

对于特斯拉的许多神奇的电子装置，我是个彻底的门外汉，但是，从根本上进行哲学思考之后，我是这样理解的：特斯拉和麦克斯韦在他们的思想深处，应该都认定空间有以太的存在，物质与以太的相互作用形成空间电磁场的电磁两性，电磁场是它们相互作用的表现形式，电磁场通过振动的方式进行传递或转换，没有遇到物质时就是以太的振动与振动传递，遇到物质时，以太的振动又可以再生为电磁场，而且，以太自身的振动动量是几乎不损耗能量的，所以能量才得以以极限速度远距离瞬时传输。

而特斯拉众多发明的绝妙，就在于他的装置可以产生特殊强度的电磁场，并可以让以太产生不同强度的振动，而在以太振动遇到他的装置时再次转化为所需的电磁场形式，以供利用，也就是说，他可以让被激发和被接收的电磁场及以太振动强度根据自己的需要来展开，目的就是为了使人类可以实现远距离传输能量和信息。因为，尼古拉·特斯拉深刻了解电磁场的内在机理，他的特斯拉线圈就是由此而来。

现在，如果把能量仅仅看作是物质的动量是不完全的，把它看作是以太的振动和的流动也是不正确的，两者组合起来理解为物质和以太在空间中的共在关系内容，即空间共在关系的变化内容，才是全面的。

只有这样，惯性和物体动量的能量的相对性才可以得到正确理解；只有这样，以太振动的原因以及电磁辐射的激发与接收（或干涉、反射等）等现象，才可以获得根本上的理解；而那个普遍存在的旋转和引力现象，将只能被理解为物质场和以太场的集体性共在反应的内容，但是，旋转和引力应该还不是物质和以太集体共在关系的全部内容，因为像宇宙中的黑洞现象以及许多不符合旋转和引力规律的现象还有很多。

哲学是思考存在的根本问题的，特别是存在在空间中共在关系及秩序内容，存在的逻辑规律，包括以太和引力问题，还有很多细节需要我们人类科学长期探索和求证。比如，物质和以太在粒子层面的细小空间范围内，凝聚和弥散的作用是如何进行的？又是如何转换的？物质和以太发生相互作用时产生的电场和磁场分别说明什么问题？究竟它们是并生的还是即刻转换的？光和电磁波的速度是否存在？如果存在又由什么东西决定？还有，引力场的大小及其作用范围距离有没有限度？另外，面对浩瀚宇宙之中，不能满足引力规律的其他的物质场和以太场的规律，又有哪些具体内容？

空间的相对独立性和引力的约束，让我们人类拥有理想的生存发展条件，同时也让我们的活动和探索范围受到了空间范围的限制，如果要突破这个空间限制，作为物质特殊形式的人类以及人类工具，首先要突破引力的约束，而且还要解决物质在以太中的运动速度问题。那么，作为物质和以太的全部共在作用机制，就是我们人类需要了解掌握的关键规律，或许这将是人类未来几千年科学发展的方向和领域，利用和掌握这个关键的和最为基本的存在世界的逻辑规律，人类才可以真正掌握星际旅行的能力。

80年前，尼古拉·特斯拉将他关于宇宙世界的理解告知全人类时，没有一个人能彻底理解他这几个结论，因为他基本上不去论述他的成果的所以然，他只需要在脑海中创设所有知识，包括那么多精妙而复杂设备的设计方案，他都是在大脑中完成的，而无需设计图纸。尼古拉·特斯拉是位神奇的超人，旷世奇才。我觉得，关于他81岁生日发表的声明，应该说他知道自己时日不多，他留给这个世界最后的东西应该也是最有价值和意义最为深远的，由于这几个结论太过超前和深邃，对于这位科技狂人的这番话语，所有人除了把它看作是尼古拉·特斯拉最后的疯狂，没有别的选择。

最大的理智往往就是这样因为难以理解而被列入疯狂的。

"物质本身是不具有能量的，而只能从环境中得到能量；没有意识到以太的存在……都是无用的；质量转换成能量是绝对不可能的……物质可以转换成能量的说法可以说是无稽之谈。"这三个结论对于今天的科学界来说，同样是超前的和不可思议的！

现在，当我了解到尼古拉·特斯拉早就认为物质中没有能量，能量跟真空有关，质量和能量不能相互转换，以太必须存在，我所有思考的初衷就可以说实现了，那就是：哲学与科学的统一。

我和特斯拉是从不同的基点出发的，但获得的结论基本上一致，这至少说明，有关自然世界的知识应该是统一的，绝不能你谈你的哲学他搞他的科学，因为，哲学和科学都是人类知识的重要组成部分。

我知道，我关于能量的本质性认定以及物质场和以太场的共在反应的理解，或许跟尼古拉·特斯拉所理解的不完全一致，除了我之外可能所有人都认为能量是一种存在，而不是以太与物质的共在的存在现象与反应。

无论怎样，我坚信，我关于能量的这一本质性理解，在未来几百上千年之内，人类科学发展的大方向将一定会严重依赖于这一根本性的认识！

对于像存在、物质、能量、质量、力、空间、时间等这类基本概念和逻辑问题，科学家是没有优势的，因为概念和概念的逻辑、空间与空间的逻辑、存在逻辑与意识逻辑，所有这些问题的严格明辨和区分，首先应该由哲学思考来完成。因为，这是作为人类知识的基础与框架，以及各基础之间与各框架之间的结构逻辑问题。

关于以太存在的问题，徐建设在他《重写物理》一书中，是这样评判的：

> 光速的确定性取决于介质的谐振功能，这类似于声波在不同介质中的传递，纯粹是一种能动量在反物质本体的类似于"晶格"或"分子"类的结构中的震荡，是反物质本底的谐振功能限制了光速的极限。二十世纪的物理学基本上不再谈光的介质问题，这是不正常的，不能为了满足建立相对论的理论体系，而否定在理论上和实践中都无法排除的波的必要存在基础。也正是由于为了否定以太而抽掉了光波的介质基础，才使后来的理论出现了尴尬的局面，不得不去强调光的所谓粒子性，否则光在真空中的行为无法解释，所以波粒二象性理论在相当大程度上也是为了弥补光穿越真空时的理论缺陷。但用波粒二象性理论就能解决问题了吗？光的波性是从哪里来的？没有介质哪里有波呢？即便是可以把高能光子看作粒子，那比可见光长得多的电磁波也都能看作粒子吗？它们是怎么通过真空的呢？所以介质，和波是同一个概念，对以太的否定是二十世纪现代物理学所犯的一个重大的原则错误。在解决了以太的问题之后，光的波动理论就比粒子理论具有更大的理论普适性和涵盖性，并具有最小的理论障碍。光的波性的确定不仅仅是它具有波的干涉特征，而是它具有粒子所不可能有的速度的确定性和它的速度与能量无关的独特性。

徐建设的这种分析相当到位,直指科学错误的要害之处。我们通过本书的这么多分析,也可以看出,放弃以太存在的观点,科学就陷入了一个个矛盾的漩涡。

但是,如果我们确定了以太的存在,任务也还没有完全解决,只是解决了一个重要的方向性问题。如果不能将能量的性质予以确定正确,物质和以太的共在逻辑,以及能量在其中所扮演的角色,就会容易再次出错。

许多根本性的认识,哲学和科学还必须继续确定一致,否则,认识不统一和认识逻辑的混乱,哲学和科学还会分道扬镳,就是难以避免的。比如,什么是物质?什么是能量?存在是什么?存在的形式是什么?什么是不存在?什么是存在的现象或属性?我们的认识又是如何确定它们的?还有,所有这些问题和知识都严重依赖于我们意识创建的概念问题,这不取决于我们是否擅长或者喜好。

宇宙世界的逻辑规律是存在的,这种存在是固有的、没有理由的,我们关于宇宙世界的知识因此应该是统一的,完成这个统一,哲学就必须首先自洽。

我曾经说过,存在哲学是最根本的,原因就在于此,存在哲学也是最难的,因为现代的存在哲学不能重复过去的模糊和抽象,必须面对自然科学的许多困惑,还有那么多复杂的陷入矛盾漩涡的科学理论。现在,我找到了这条认识道路,从哲学的追根溯源的精神出发,以我们所以确定它们、它们何以存在和以何存在的方式,也就是利用关于空间与逻辑的正确理解,去看待我们意识中许多概念及其本质。因为我们人类认知宇宙世界的方式和路径,就是这样的,也只能如此。希望哲学界和科学界都能予以重视和采用。

所有存在包括我们人自身，都是因为共在而存在的，共在的"在场"空间是存在的内容，也是我们感觉认知器官认识的内容，存在的空间性内容具有普遍适用性的就是存在的逻辑，我们关于它的认识则构成我们的意识逻辑，空间是认识世界的路径，作为空间基本存在物的以太，只能是另一种最为基本的存在，而真正意义上的空间只能是存在的关系和秩序。

在所有这些存在当中，以太是确定的存在，物质是确定的存在，它们共在时的关系所展现给我们人类感官意识的诸多内容，包括距离、位置、大小、方向、速度、数量、质量、能量甚至时间等，全都是它们共在的空间性内容，所有的存在逻辑和存在关系及秩序均是由这些空间性内容构成的。而长久以来，困扰人类的"虚空"和"距离"问题，就是由这些关系组建的。

我们必须感谢我们的前辈，让我们拥有这样的认识，苏格拉底、柏拉图、亚里士多德、笛卡尔、莱布尼茨、康德、黑格尔、海德格尔、萨特等，这些思考认识论和本体论以及存在论的先人们，为我们今天的思考提供了许许多多的基础，没有这些基础，我们无法找到正确的路径。

我们不能忽视所有被埋没的人的思考成果，徐建设的思考就没有引起什么人的重视，连尼古拉·特斯拉这么伟大的旷世奇才都遭到了嘲笑和忽视。留给我们思考和需要注意的还有很多，人类步入文明社会已经几千年了，世俗的偏见，迷信的权威，还有盲目的崇拜，从来没有减弱的趋势迹象，科学界不愿思考概念和逻辑等这些作为知识的基本问题，因此不能正确看待我们所创建的概念，并且容易受到我们所创建概念的约束与限制，所有这些都是不应该的。

当我将这些思考的结果告知科学界时，不是搞不懂就是漠不关心，冷漠与忽视是再正常不过了，甚至说我走火入魔的都有。没有哪个科学家愿意看我的长篇大论，也没有哪个科学家有时间去理会什么哲学及哲学的思考。为了能从科学家日常的角度和思考习惯来阐释我所思考的问题，我将它们总结为以下这些问题：

1. 物体内是否有物质和能量？

2. 物质是绝对存在的吗？能量是绝对存在的吗？

3. 物质和能量之间是什么关系？物质是能量的物质吗？能量是物质的能量吗？

4. 能量概念创建之前，你相信能量是绝对存在的吗？

5. 力、热能、温度、功、惯性、动能、结构能等，这些都是针对物质（或物体）而言的吗？

6. 可以确定物质（或物体）是它们的本体对象吗？它们是表述物质（或物体）的属性、性质、状态、动量、关系等空间存在内容的吗？

7. 那么，作为抽象概括它们的能量是否就是指物质的能量？

8. 物质（或物体）如果不受其他影响会随着空间位置、方向、速度的变化发生改变吗？变一点速度、变一点方向，物质（或物体）还是那个物质（或物体）吗？

9. 力、功、温度、热、惯性、动能等会随着物质（或物体）

的空间位置、方向、速度的变化发生改变吗？比如月球上的惯性从地球上看还是惯性吗？

10. 能量会随着物质（或物体）的空间位置、方向、速度的变化变大变小吗？

11. 现在，相对于空间意义而言，物质可以确定为绝对存在吗？

12. 现在，相对于空间意义而言，力、功、温度、热、惯性、动能以及抽象它们的能量是否可以确定为相对的？

13. 那么，我们是否可以确定能量是物质的一种属性内容？能量的实质与本质是否可以被确定为物质在空间意义上的动量？

14. 经过引力质量和惯性质量，我们是否可以确定质量实质就是物体中物质的含量，即物质的数量？（比如原子的数量及其他组成粒子的数量）

15. 作为物体中所含物质的数量内容，没有其他因素影响情况下，会随着物体的空间位置、方向、速度的变化而发生改变吗？

16. 物体运动的方向和速度相对于不同的参照系，是不同的，对吗？

17. 物体相对于不同的参照系，它所含的物质数量多少会发生变化吗？即从月球上看地球是一个，从太阳上看，地球会变成两个吗？

18. 质量作为所含物质多少的数量内容，和能量作为物质动量的内容，是指向物质（或物体）同一项内容吗？

19. 那么，物质组成粒子的数量多少会随着物体整体动量的

（稍微或巨大）改变而变多变少吗？

20. 现在，爱因斯坦的相对论导出的质速公式和质能公式在逻辑上还有问题吗？

另外：

21. 量子论的波粒二象性，指的是电子围绕原子核运动时的粒子性与分布几率的物质驻波的二象性吗？还是指电子脱离原子核被激发成无线电波后，在空间传递过程中的既是波又是粒子的二象性？（即量子论的互补性理解）

22. 如果是前者，量子论创建过程中的哪个实验可以说明？

23、如果是后者，电子被激发形成无线电磁波后，在真空中传递的还有波粒二象性中的粒子性吗？即无线电波中还有电子吗？就此有什么实验依据？（不是接收电磁波后的依据）

24. 手机信号的无线电波应该确定是由电子激发而成的，那么，光可以确定是由光子激发而形成的吗？

25. 光在发出前有光子吗？电灯发光，是电子先变成光子，然后再由光子变成光的吗？

26. 可以发光的粒子远远不止电子，对吗？其他很多粒子也可以发光，对吗？光子只存在于发光之后在空间中传递的光波中，对吗？

27. 确定光子存在于光波中的实验依据是什么？靠光反射来观测和确定光波中的光子，可靠吗？

28. 电磁辐射波因为波长频率的不同有好多种，光子究竟指的是其中的无线电波中的电子呢，还是指其他非无线电波的可见光、红外线、紫外线等辐射波的哪些波的粒子，或是指所有辐射波中粒子都称为光子？

所以，我认为：

1. 物质是绝对的，能量是相对的，能量是物质在空间存在内容上的一种属性，其本质就是物质的动量。

2. 能量和物质不能并列骑行，物质中没有能量，能量是物质与空间（空间基本存在物即以太）的共在反应的显现形式。

3. 质量是物质的数量内容，能量是物质的动量内容，速度是物质在空间中相对的运动状态，质量、能量、速度都是物质在空间存在意义上的不同内容，质量和速度、质量和能量是无法互相转换的。

4. 能量只能在真空中汲取。量子论中的"量子"不能代表能量，"量子"统一了三种力的说法是不成立的，引力子和引力波根本就不存在，有关量子论的其他科学均应称之为"粒子论"。

5. 波粒二象性是错误的。

6. 电子是存在的，光子是不存在的，没有哪种粒子是光子，无线电波中没有电子，光波当中也没有光子。它们在空间中的（电磁波形式的）能量传递现象只不过是真空中以太的不同频率的振动传递而已。

7. 光速应理解为以太振动，建立在光的假设基础上的狭义与广义相对论都是错误的，质速转换、质能转换、时间缩短膨胀和空间弯曲全都是错误的。

8. 真空中必须有以太存在。以太的存在可以解决量子论中出现的所有逻辑悖论问题，如双缝实验干涉、不确定性、波粒二象性、光透过玻璃，还可以解释电磁波发射源电子的数量有限和全宇宙都可接收电子信号之间的数学逻辑悖论问题，也可以为解释引力场及黑洞现象带来很大方便。空间就三维，多维宇宙不存在。

真心希望能够引起科学家们的注意和重视。

其实，80年前尼古拉·特斯拉在他的81岁生日时的公开声明中就提出来了其中的某些结论。他已经告诉全世界：物质中没有能量，能量只能从真空中汲取，真空中以太是存在的。所有科学家都认为这是尼古拉·特斯拉在他暮年之际最为疯狂的也是最后的声明，至今无人理解它的意义。不管怎么说，像他这样的科学家至少也是诺贝尔奖获得者，为什么在几年之前的数十年期间，我们竟然全然不知?！这绝不是偶然！这当中肯定有人类的贪婪与势利或者短见与偏见。

十三
引力

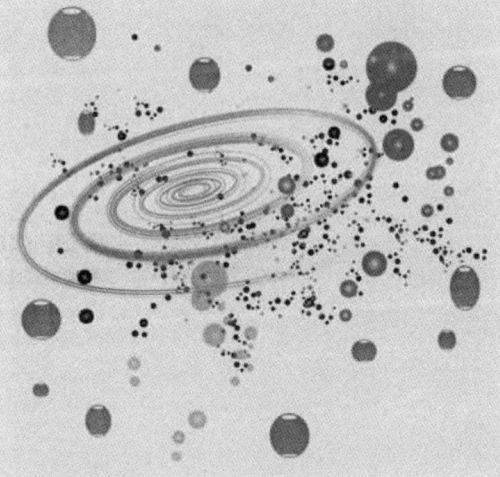

我将一切存在理解为空间中的存在，存在的空间性在根本上表现为共在的关系和秩序，能量的本质是物质的动量，是物质存在在空间中的一个存在内容，由于以太不可感不可观，能量在表象上就只能让我们人类理解为物质存在在空间中的动量变化，但从根本上说能量是物质（场）和以太（场）在空间中的共在反应的显现。因此，作为物质存在的空间内容上的属性内容，能量具有空间的相对性，参照一个坐标系有能量的共在反应显现，换一个参照系很可能就没有能量的显现了。所以力和能量都是作为物质存在在空间内容上的一种显现现象，其本质不是存在本身，而是存在的现象。

引力也不例外，引力也是一种存在现象，原先我们认为引力不消耗能量，是因为我们将能量理解错了，能量不是一种可以消耗的东西，它只是物质在空间意义上的一个属性内容。引力和能量都是存在的现象，引力当中吸引和围绕旋转的现象，与引力现象中展现出来的动量内容，其实是一个存在现象的两种不同角度的表述。

任何一种存在现象，都是存在物在空间内容上的一种显现内容，都是存在物在空间内容上的一种共在反应。所以，理解和解释引力现象首先应正确认识与引力现象相关的共在内容，也就是说，引力首先要归结到共在意义上去理解。

共在，首先要归结到物质（场）和以太（场）的共在，以太作为空间基本存在物也是一种存在，而且是宇宙中最为根本的存在，物质和以太的共在是宇宙中最根本最普遍的共在，这是毋庸置疑的。物质之间也有共在，这种共在千差万别，而以太是无差别的无死角的，物质和以太的共在关系，会因为物质的不同而出现不同，这种不同会表现为两个方面，一个方面是在同一个层级上会因为物质的不同而出现不同的物质和以太的共在反应，比如由不同的粒子所激发的不同的辐射、不同的粒子衰变、不同的分子结构或物质结构形式；另一方面是不同层级会出现完全不同的物质（场）与以太（场）的共在反应，比如微观层面的辐射和自然观的物体结团成形，还有宏观的引力场，它们都是物质（场）和以太（场）的共在反应的显现，但共在反应显现的内容则完全不同，可以说我们熟知的太阳系内这种层级的天体引力现象放在更大的级别上，其共在的引力现象的内容一定会出现不同，就好比河流跟河流中的漩涡、海浪和洋流一样。

引力的共在在表象上展现为两个或多个天体之间的共在即吸引或围绕旋转，但是从根本上说都是物质（场）和以太（场）的共在关系。天体的形成本身就是物质和以太的共在作用的结果，否则，天体无法结团成形，也无法形成不同的天体。天体形成之后，在它和周围的以太（场）之间又形成新的更大级别的共在关系，不同的天体，它们和以太的共在关系也会有所不同，所谓与质量大小相关，只是由于以太是无差别的，以太（场）只存在空间大小范围上的不同，而且这种不同是和物质（场）大小紧密相关并共同作用而成的，所以让我们感觉到了引力和质量相关。但是，从共在的本质上说，不遵守质量大小约束的引力现象一定会大量存在，特别是在超越太阳系的这种类型或级别的天体之间，因为，引力不是物质天体相互之间的关联，引力根本上是物质（场）和以太（场）的共在关联现象。

引力现象的这种共在内容，作为物质（场）和以太（场）的空间共在关系，一定是表现为空间意义上的，即表现为空间场势能形式，也就是说，处在这种物质（场）和以太（场）的不同空间位置，其场势能是不同的，因为场和场之间的空间共在，其表象只能体现为一种空间趋势的内容，如果没有某种空间趋势，这种空间共在无法完成，也正因为体现为一种空间趋势，所以处于不同的位置，其趋势方向和强度会有所不同，不同大小的天体之间的引力大小不同，就是由于这种物质（场）和物质（场）之间，以及它们在以太（场）之间共同的空间趋势的不同所共同作用的结果，而且物质（场）和以太（场）的空间趋势是最为根本的，所以速度达到一定程度超过以太（场）内的趋势强度时，就有能力脱离引力的束缚，因此，反重力一定是可以办到的。

解释引力，除了将这一存在现象放在物质（场）和以太（场）的共在上，以及将这种共在理解为空间场势能的一种趋势，还应当将引力纳入存在的空间相对独立性上进行理解。

当我们用场、场势能、空间场内的趋势来看待宇宙天体时，我们使用的"场"的这个概念，都有一个共同的特征，就是它们必须具有空间的相对独立性，也就是说，只有保持了空间的相对独立性，这个"场"才可以真正完成，场势能与空间趋势意义上的共在才可以实现。反过来，只要这个场势能和空间趋势可以成立，那么在这个共在场当中就可以成就一个相对独立的空间，如果不能将两者完美地结合起来，就无法正确解释引力现象以及其他共在的关系。比如，悬停在地球、月球半空中的飞行器，如果按以前将力视为一种存在，引力就是向下垂直的拉力，那么悬停就已经抵消了引力的拉力，这样我们就可以认为，如果能够悬停就可以当作没有引力，但是，月球、地球的自转依然可以带动飞行器跟着一起转动，就无法解释了；还有，在飞行中的飞机里，苍蝇在里面乱飞不会撞到飞机后舱板，如果打开飞机窗户就不能保证机舱的空间相对独立性，苍蝇飞行的结果就会完全不同，如果关闭飞机窗户保持机舱的空间相对独立性，苍蝇在里面飞行就跟飞机没有飞行停在地面一样。离开存在的共在关联和共在的空间相对独立性，用过去简单的有质量的物体之间都有相互吸引的力，是无法解释这两种现象的，同时也说明科学过去关于引力的理解以及惯性、能量的理解都是落后的和错误的。

为了更好地理解空间相对独立性以及它和引力的关联，在这里还有必要再次提一下旋转的问题。我们前面已经分析过，旋转可以让一个或多个物体保持相对独立的属于自己的空间，否则宇宙空间中相遇的物体或物质不是结为一体，就是分道扬镳，空间的共在，特别是场和场的共在就无法形成和确定，一切存在将为无序；对于物体来说旋转是绝对的运动，其他运动都是相对的，旋转使物体占据独立的空间，围绕旋转可以使两个天体物质保持一种确定的或者长久的共在关系，而这种共在关系就是依靠这种围绕旋转而成的独立的属于它们的空间来完成的，所以尼古拉·特斯拉说旋转产生引力。显然，在宇宙中旋转是复杂的，两个天体间的相互吸引或一个吸引另一个的引力是简单的，引力是旋转及围绕旋转的整个复杂运动中的一个简单表现内容，旋转和引力使得天体之间保持空间相对的独立性，这种空间相对的独立性又使得其中的天体物质保持着一个确定的或者固定的共在关系。天体在宇宙空间当中保持空间相对独立性之后的结果现象，就是复杂的旋转和简单的引力内容。如果仅仅用旋转去理解引力，或者像特斯拉那样将引力的原因直接归结为天体旋转，那么，悬停飞行器跟着天体转动和飞机中的苍蝇不受干扰地在其中飞行，这样不同的两种现象就很难从此全部得到解释。

所以引力现象在根本上属于一种共在的逻辑规律，为了共在，物质（场）与以太（场）之间就必然拥有某种保持空间相对独立性共在的趋势，从而形成场势能共在关系，由于这种要保持空间相对独立性的场势能，宇宙天体之间就形成了自转、围绕旋转和引力的现象，引力只是这种复杂的共在场的一个简单内容的理解，作为一个相对独立空间而进行的自转、围绕旋转才是全面而复杂的理解，也就是说，引力场其实是宇宙天体物质（场）与以太（场）作为一个共在场的存在内容的一个简单形式，物质（场）与以太（场）的共在是通过物体自转、围绕旋转所形成的一个统一空间趋势来完成的，完成的结果就是形成一个相对独立的空间，因此，天体、星系才可以形成为一个固定的共在的空间关系。

在引力现象中，天体吸引是依靠物质（场）与以太（场）的共在的空间趋势来表现的，因为天体都是在以太当中的，天体的物质（场）会因为自己的不同引发相应不同的以太（场）形式，从而形成不同的空间场的趋势内容。

为什么这样说呢？因为一切存在都是空间中的存在，空间是个存在的关系范围，空间中的存在就必须要求一个存在的范围问题，那么，空间场必然都有一个大小范围，都有一个包含与被包含的关系，地球与月亮、其他行星和太阳、太阳系和银河系，都是各自属于一个相对独立的空间，空间和空间之间都有一个包含和被包含的关系，所以这种空间既要求是相对的，又要求是独立的。可见，从根本上理解，存在的空间相对独立性，原因就在于存在的空间性本身，只要是存在就是空间中的存在，空间中的存在就必须有一个空间范围的要求，空间范围的要求本质就是空间的相对独立性。这样，某个天体物质所在的空间范围变动了，那么这个天体物质必须随着一起变动。这应该就是存在的空间性的最基本的逻辑规律。

在引力现象中，所有形成的由物质（场）与以太（场）构成的空间场都只能是相对独立的，人和苍蝇都是在飞机里，各自独立，就像地球和火星一样同属于太阳系，它们之间没有形成共在关系。但是坐椅和飞机形成了共在关系，整个机舱空间由于舱门关闭形成一个独立的空间，在这个独立的空间当中，所有的人、坐椅、苍蝇可以形成一个独立空间中的相对固定的共在。悬停飞行器在地球或者月球独立的空间场中，它对于其位于这个独立空间场的位置是固定的、确定的，整个地球或月球空间场像一架飞机一样运动，那么悬停的飞行器就和飞机中的人相对于飞机的位置一样，它相对于地球和月球来说的位置也是固定的和确定的，因此悬停的飞行器会随着整个地球或月球空间场的运动一起运动。

由此可见，在宇宙中，共在是最根本的、抽象的，其次是保持相对独立的空间。在某个相对独立的空间共在场当中，整个空间场的运动会让处于这个空间某个固定的或者确定位置的物体跟着一起运动，即空间场的运动带动着其中的物体运动，这是所有存在物存在于空间中的根本内容。存在物都是空间中的存在，空间中的存在都是共在，最为根本的共在是物质（场）与以太（场）的共在场，在这个场当中，场的整体运动会带动其中物体的运动，这就是场势能即空间趋势；另外，所有存在的物质（场）与以太（场）的共在空间场都会有一个包含和被包含的问题，这是普遍存在的关系和秩序，被包含的场将作为一个整体跟着包含的场一起运动。

在所有存在的空间性内容当中，共在是最根本的、抽象的，形成和保持空间相对独立性，物体依附于其所处的相对独立的空间一起运动是绝对的和普遍遵循的共在逻辑规律，而对于每一个空间场来说，又都会随着它所包含或隶属的更大一级的空间场一起运动，这也是绝对的、普遍的。

引力只是处在这样的空间场中的物体的运动趋势，一个天体吸引一个物体或者另一个天体的描述，只是我们所有这些关于存在的空间性内容当中的一个简单的内容，显然，这种简单描述内容不能代表引力现象或物体在空间场中的运动趋势的全部内容，它只是全部运动趋势内容当中的一部分的直观表象而已。全面的表述应当是：任何物体将会按照其所处的确定位置随着其所隶属的空间场一起运动，而空间场也将会随着其所隶属的更大的空间场以同样的方式一起运动。这就是物质（场）与以太（场）共在的空间场的存在逻辑，这种存在逻辑表现为空间场势能，即一种存在的空间运动趋势。

这种存在逻辑和空间运动趋势才是全宇宙存在的最普遍、最根本的内容！

天体之间相互吸引只是这一复杂内容的一个方面，一个直观的简单的内容，所以，引力现象作为这样一个简单的存在内容，在宇宙当中将会普遍地不适用，也就是说，宇宙天体之间不论距离远近都会引力万有肯定是错误的，天体之间相互吸引是错误的，单向吸引的空间存在的趋势才是正确的。我们过去关于引力的解释根本无法解释宇宙中的许多存在现象，宇宙的存在现象应当纳入到空间相对独立性和空间场的运动趋势，来进行全面的理解和解释。

需要注意的是物质（场）与以太（场）的共在空间场在不同的层级上会执行不同的逻辑规律，在空间场隶属于更大一级的空间场时，空间运动现象和趋势内容肯定会出现不同，所谓宇宙或银河系有一个中心点是有疑问的，只有旋转星系才会有可能有一个中心，但是空间场的这种相对独立性和运动趋势，不必然就一定是旋转或者是围绕旋转的，从一个固定的物体、一架飞机、一个星系中平行存在的类似于太阳系内的行星之间的，它们的空间共在的相对独立的空间，就无需旋转便可共在，因此，在某个更大一级别的旋转星系当中，认为必然有一个质量最大的天体或者黑洞作为这个星系的中心，就更是没有必要的了。

现在，关于引力问题，我们可以做出这样的总结：引力是个存在现象，引力不是相互吸引，更不是什么不论空间距离远近而万有的，物体跟着它所属的空间场运动，直接的表象是一个被另一个吸引，或者一个围绕另一个旋转，天体自转和围绕旋转是整个物质（场）和以太（场）保持空间相对独立性的共在方式的普遍形式，引力现象是宇宙中这种空间场的普遍形式的一个简单直观的描述内容；引力之所以与天体质量相关，是因为以太是无差别的，它与物质的场的共在关系当中，两种场的大小是紧密相关的，质量的大小相应就会有以太的空间势能的大小，它们共同组成的空间场势能所形成的场势能及空间趋势，是物质（场）和以太（场）共在关系的基本内容；另外，物质（场）和以太（场）的这种共在内容还会出现大小层级上的变化，不同大小的宇宙天体星系肯定会伴随着不同的空间场势能和空间趋势大小的以太场而共在，因此，在表象上会出现不同的引力强度现象，或者会出现不同于我们现在所观察的自转、围绕旋转这种共在形式；由物质（场）和以太（场）所形成的空间场都有一个包含与被包含的关系，被包含的空间场的运动必须是在包含场中进行，这样，被包含的空间场就一定会随着包含的空间场一起运动，因为存在的共在关系都会拥有这样的包含与被包含的关系，这就是存在于空间之中的内容和要求，空间的范围根本上就是由此而来。这就是存在的根本逻辑，因为，存在必须是空间中的存在，空间中的存在必须遵循这样的共在逻辑才可以成为空间中的存在。